# 子どもの「困り方」に寄り添う算数授業

授業・人塾　代表
筑波大学附属小学校　前副校長　**田中博史**

文溪堂

## はじめに

「イメージ力をあんなに大事にする田中先生が、どうして4マス関係表なんて形式的なツールを提案されたのですか」

こんな質問を受けたことが何度かある。

　確かに、4マス関係表を用いると、高学年で算数が苦手だった子どもたちが、これなら式の立て方がよくわかると大喜びして、サクサクと式をつくれるようになった。

　でも、こうした事態をみると逆に指導者は罪悪感を覚えるようだ。どうやら、速さの「はじき」と同じようなツールと考えた方がたくさんいらっしゃったようなのである。

「はじき」の図は公式を覚えるためだけの特別なもの。

　私が提案したのは「表」だ。

　算数の大切な思考のための言葉として、式、図、表を学ぶ。その中の一つの表。

　これは低学年からずっと学んできた算数の大事な道具。

表というと

| 1 | 2 | 3 | 4 | 5 | 6 | … |
|---|---|---|---|---|---|---|
| 100 | 200 | 300 | 400 | 500 | ? | … |

と並んだものだけをイメージされているようだが、この中から問題に該当する2か所を選んだだけ。

| 1 | 6 |
|---|---|
| 100 | ? |

　だから、これを形骸化と呼ぶのなら、表の学習は何なのだろうということになる。

まさか、ずらっと並べて観察だけしたり、表の中に数値を入れたりグラフを描いたりすることだけを勉強だと思っているわけではないだろう。表は、式や図と並ぶ、算数の大切な整理の道具。

整理したら、次は解決のために役立てるように使うのは、当然のことだと私は考えている。

4マス関係表は、比例の表から2か所を取り出したもの。

だから子どもたちが困っているときには堂々と使っていただきたい。本書では、この4マス関係表を提案することになった経緯についても詳しく述べている。

付け加えて、子どもの困り方だけでなく、大人である教師自身が困っていることにも触れている。立式のときに意味づけと式やその後の計算処理の仕方が一致しないというトラブルなどもその一つ。

断っておくが、私はイメージ化が大切ではないと言っているわけではない。

とくに4年生までの学習で本当はイメージ化がしっかりできるはずなのに、指導者が急いで形式を与えることには反対している。

イメージ化できるところは、しっかりとさせたい。その活動については第3章で詳しくとりあげた。

しかし、算数・数学には問題場面をイメージ化する活動と、その後にどのように処理していくかを切り離して考えることが必要な場面もたくさんある。いや数学に入ると逆にイメージを持つことはできないものにも、仮定して考え対処していくことが求められる。

だから子どもたちにも、問題解決の際の処理の仕方は一通りではなくて、そのトラブルの種類によって解決のための道具を使い分ける力が必要だと考えるのである。

本書は子どもの困り方に寄り添うことで見えてきた算数授業づくりの新しい提案の書である。

# 第1章

田中博史流
「授業の構え」
子どもの困り方に真摯に
向き合うために

# 第2章

割合の授業の具体から
子どもの困り方に向き合う
実現方法を探る

# 第3章

イメージできるのにしない子どもたち
形式化を急がせすぎた
算数教育の反省

# 第4章

## 実はイメージができないのは
## 子どものせいではなかった
## なぜ困るのかを探り、困ったときの拠り所をつくる

# 第1章

# 田中博史流「授業の構え」
# 子どもの困り方に
# 真摯に向き合うために

子どもたちが安心して自然体になれる
算数授業づくりには
授業者の繊細で緻密な用意と、心遣いが必要

**ポイント1**

苦手な子も、普段参加しない子にも、
人任せにしないで自分で取り組むのだ
と思わせていくこと

**ポイント2**

子どもたちを自然体にするためには、
彼らが何に困っているかを常に話題にしていくこと
解決を急がない

授業前半10分間、
教師は子どもの参加度をしっかりと確かめているでしょうか?
そもそも子どもは課題を理解していますか?
手を挙げていない子たちは、どんな気持ちで
座っていると思いますか?

# 授業は
# はじまってから
# 10分が勝負

授業の中盤になって、多くの教師が困りはじめる。
「ああ、こんなにできていない子がいる」と……。
でも、実はこの原因は、
授業の前半10分にあることが多い。
前半10分で参加していない子どもを
どれだけつくってしまっているかで、
授業の8割は決まる。

## 私がこの10分間に気をつけていること

子どもたち全員に自分が解くのだという自覚を
持たせること。
人任せにしない教室の空気をつくること。

# 1 授業前半の10分は、挙手指名方式を使わない

　私たち教師が普段何気なく使っている挙手指名方式の授業。

　教師が発問し、手を挙げて反応した子どもが指名されて発言し進んでいくあの典型的な授業の光景。

　しかし、この時間が、実は参加しない子ども、自分の考えをつくらないで友達の話を聞くだけにしてしまっているタイプの子どもたちをたくさんつくってしまっているのではないだろうか。

　教師が子どもたちに課題を示し「わかった人？」と尋ねると、いつもの反応のよい子どもたちが手を挙げ、その中の一人が発言して授業は進んでいくという、あの見慣れた光景には、こうした問題点があるということを意識するだけで授業は変わる。

　そして、この何気なく繰り返している教師の行為によって、子どもたちに

**この先生は手さえ挙げなければ安全だな。今日もあの元気のいい友達に任せておけば大丈夫。**

　ということを伝えていることになると考えたら、これは深刻な課題である。見逃せない。

　得意な友達に任せてしまおうという心のスイッチが入り、参加への積極的な気持ちがなくなることが、実は差が生まれる大きな原因の一つになっていると私は考えている。

　とくに新しいクラスを持ったら、または普段意識しないでこの方式を使い続けているとしたら、明日から授業の前半は意地でも挙手指名方式は使わないと意識してみると、子どもたちの空気が変わる。

では、その具体的な場面を想定して、子どもたちとの対話を再現してみる。

　もしも、最初の発問で手を挙げる子どもが４，５人だったら、次のように教師は言ってみる。

　「そうか。この問題だと４，５人しかわからないんだね。そうか…。これでは次に進むわけにはいかないな」と。

　これだけで、周りの子どもたちがドキッとする。少し教室に緊張感が走るのが見えるだろう。

　（おっと、この先生は、手を挙げている人だけでは進めないつもりだな。今、あてられたら困るなあ…）と。

　このときは続けて、次のように尋ねてみる。

　「ところで先生は、今、みんなに何を尋ねたんだっけ？」

　答えではなく、先生の発問を聞いていたかどうかをまずは確かめてみる。自分が答えなくてもいいのだと心のスイッチを切っている子は、実はたった今行われた問いかけでさえしっかりと把握していないことが多い。

　問題の内容がわからないのではなく、実は問題さえもきちんと聞き取っていないことがわかると、対応策も変えなければならないことがわかる。

　これまで子どもが反応しないと、問題がわからないのだと思って懸命にヒントを出すなどの手立てをしていたことが、実はその時点では何の役にも立っていないことに気がつくと愕然とするだろう。

　前半の10分の子どもの参加意識を変えると授業後半の定着率も変わってくる。

　それは常に子どもたち全体の状況を診断しながら対応策を考えているので、途中の手立ても子どもに適したものにすることができるからである。

ここには大切なポイントがもう一つある。

参加していない子どもたちを追い込むのに、解決した結果を尋ねることはしていないという点である。

彼らが参加できないのは解決に困っているからなのに、そこを無理やり指名して表に出させてしまっては意味がない。

友達の前で恥ずかしい思いをすると、二度と表現しようとしなくなる。これも大切な心遣いである。

だから、最初は聞いていれば誰でも答えられる程度の問いかけにしてみる。簡単なあいさつ程度の話題でもいい。こうした時間でも実は案外反応しているのは得意な子どもたちだけだったりしているのだから。

## 2 授業のスタート　まずは苦手な子どもたちにも積極的に話しかけること

もう一度言う。苦手な子どもたちの中には、最初から自分は参加しないものだと決めつけている子がいる。

そして、実はそれは教師の意識の中にもあることが多い。
「この場面では、この子にはあてない方がいいのではないか」

そんな教師の優しさが、参加しなくていい子どもをつくり続けているかもしれない、とまずは教師も自分の意識を振り返ってみよう。

<u>私は飛び込み授業でも、毎回教室に入ったら、真っ先に苦手意識を持っている子を見つけて、積極的に話しかけることにしている。</u>

初めて入った教室で、どうしてそのクラスの苦手な子がわかるのかと不思議がられる方が多いけれど、これは簡単なのである。

苦手な子どもたちはすぐに目をそらす傾向がある。

私が全体に話しかけているときに、すっと目をそらす子、逃げてしまうタイプの子に私があきらめずに働きかけているだけなのだ。

これだけで子どもの意識が変わる。

「まずい。この先生は、ぼくが苦手だということを知らないみたい
だ。すると、今日は黙っていても通り過ぎてくれないかも」
こんなふうに考えはじめる。

　苦手な子どもたちに問いかけたとき、その子が言い淀んだり、言
えなくなったりしたときに、いつもの担任の先生だと「じゃあ、ま
たあとでね」と言ってやり過ごしてくれるのに……という子どもと
教師の間にできた暗黙の了解が、実は子どもたちが参加しなくて済
む、逃げ込むことができる隙間をつくっているのかもしれない。

　授業のスタートに、積極的に苦手な子どもたちに
　まず話しかけること。
　これだけでも子どもたちの中に変化が起きる。

　ただし、このとき毎回同じ子どもにしないこと。
　得意な子にもちゃんと話しかけて、苦手な子どもに参加させるた
めにしていることが目立たないようにするという配慮も必要になる。
　さらに話しかけるときは、誰でも答えられるような内容にするこ
と。これがもっとも大切である。
　たとえば、板書の日付を書きながら「えーっと、今日は何曜日だっ
たっけ？」と話しかけるという程度でいい。
　普段参加しない子は、これだけでも緊張する。
　反応のいい子が、「月曜日」なんて反応したら、すかさず座席を
回りながら「じゃあ、その次の日は……」なんて言いながら子ども
の中を回り、苦手意識の強い子、普段あまり発言しないタイプの子
のそばを歩いて話しかける。これだけである。

　やってみるとわかるが、「じゃあその次の日は」という発問だけ
で歩いてみても聞いていない子がすでにいることがわかる。

このやり取りは、その時点で自分よりも前の子どもが何を話した
かを聞いていないと答えられないからである。

# 3 全員がそろってスタートできることを何か 一つつくり、子どもの様子を何度も見に行く

全員の参加を意識させる場面は、何も言葉による発言のときだけ
ではない。ほとんどの授業では、本時のめあてを書いたり、問題文
を書いたりする時間が最初にあるはずである。

この

<u>授業のはじめに、全員がそろって一つのことをする場面で</u>

<u>子どもの中に差をつくらないこと</u>

を意識する。


私がよくやるのは、問題文を短く書いて、その都度机間に入って
チェックし、全員同時に書き終われるようにする方法。

これは新しいクラスを持ったときはしばらく続けると有効であ
る。

<u>短い文節ごとに区切って机間を回り一人ずつをさっとチェックし</u>
<u>て、書き終えているかどうかを見る。</u>

この教師の行為にも実は大切なメッセージがある。

私は全員がちゃんと書き終わらないと次に進まないよ、置いてい
かないよというクラスの子どもたちへのメッセージである。


このときの机間巡視は短い時間でサッと回るのがコツ。

一人ずつをじっくり見て回っていると、それだけで時間が掛かっ
てしまい、間延びする。さらにそれが子どもの活動の差をつくって
しまうことにつながっていくからである。

活動の進行度の差が大きくなると、待っているときに退屈になっ
て遊びはじめる子が出てしまう。

| 簡単なことを尋ねる。 |
| 問題文をみんなで同じ速さで書く。 |

　これらはその気になれば誰でもできる。

　大切なのは、誰でも参加しようと思えばできることで、まずは全員が動いているかを観るということ。

　そして、この時間が「ちゃんと全員を連れて行くよ」という教師のメッセージが込められている大切な時間であると思うこと。

　小さなことのようだが、授業の後半になって大きく影響するポイントになる。


　では、具体的な授業の場面でそのシーンを見てみよう。

## 実践ナビ　授業はじめの板書の仕方　実際にはどうやるの？

　　　鉄則　　問題文の板書は子どもの速度に合わせて
　　　　　　　小刻みに書いていく。

　この方法は、これまで他の本でも何度も紹介してきたこと。

　簡単なことなので伝わっているかなと思っていたのだけれど、最近、若い先生の授業を見ると、確かに真似をしてくれているようだけれど、大切な目的が伝わっていないなと感じる場面を何度か見た。

　本書では、より詳しく細部にも視点を当て、その方法と配慮すべきこと、目的について解説してみる。


　授業の最初に問題文を書く場合には、次のように指示する。「今から黒板に問題文を書きます。みんなもノートに書きましょう。先生が書きはじめたら、みんなも書きはじめ、先生が書き終わるときにはみんなも書き終わっていること」

　この「先生より先に書き終えること」という指示を付け加える

と、何気なくノートを広げて黒板を写そうとしていた子どもたちの顔が驚きの表情に変わる。
「え？」
「先生より先に書き終えるなんてできないよ」
先生「そうかな？」
「えー、無理〜！」
「できっこないよ！」
先生「無理かどうかやってみよう。はい書くよ」
そういっておもむろに問題文を黒板に書きはじめる。

　これだけで、退屈そうにしていた子どもの顔が引き締まる。なんだかおもしろそー。という雰囲気が教室に広がったらしめたもの。やってみるとその変化に教師も驚くはず。
　問題は私がNHKの教育番組でとりあげてやっていた「ささだて」という問題。(問題の仕組みについてはコラム参照)

問題文
**10枚の小判があります。**

　もしも、この1文だけでも黒板に一気に書いたとしたら、子どもの中にはついてこれない子が必ずいる。
　とくにスタートはそうである。
　だから、「10枚の小判があります。」の1行を書く場合でも「10枚の」まで書いたところで黒板から離れ、机の間を見て歩くことにする。この場面で、教師が子どもたちのノートを見て回ると、ぼんやりしていた子どももノートに書く作業に取りかかりはじめる。
　教師の方もノートを出していない子、出していても広げていない子、鉛筆を探しはじめる子、「ねえ、何するの？」と隣や後ろの子どもに尋ねる子など、いろいろな子どもがいることに気がつくはずだ。
　このとき黒板に書いた問題文が4文字と短ければ、そこから動

き出したとしても、追いつくことができる。長い文章を書いてからでは、動き出そうとした子どもたちの書き写そうという気持ちが萎えてしまう。だから、問題文の書きはじめで子どもたちの間を見て回り、スタートラインを揃えるというこの瞬間はとても大切になる。

このあとも短い文節ごとに区切って子どもの様子を観察しながら問題文を書いていく。

区切り方の例

**10枚の小判があります。**
①＿＿＿＿②＿＿＿＿③＿＿＿＿
**この小判を赤の箱と青の箱に入れます。**
④＿＿＿⑤＿＿＿⑥＿＿＿⑦＿＿＿

私が以前、文節ごとに区切ると講演会で話したら、本当に律儀に最後まで文節にする先生もいたようだが、目的は子どもたちの集中力をあげること。

クラスが引き締まって黒板を見つめ、手がさっと動いているようなら、わざと文章を長くしたり、ときには1文字だけにしてみたりと緩急をつけるという工夫も必要。要は子どもたちとのやり取りの時間を単調にならないようにするという意識。

私は、この場面では黒板に書きながら全体を見まわし、子どもたちの手の動きや視線などを見つめ、それが止まったら次を書くというようにする。

つまり、次を書く準備を全員が整えているかどうかを見定めながら書いているんだよ、と子どもたちに伝えていくことが大切なのである。

ときには、このあたりで再び子どもたちの机間に入ることもある。

これも自分のクラスの子どもたちの状況によって変える。

問題文を続ける。

**赤の箱に入れるときには、1回に2枚ずつ、**

　ここで、もう一度回ってもいい。問題文が長いときは、途中で休憩を入れてもいい。

**青の箱に入れるときには、1回に1枚ずつ入れることにします。**

　問いの文に入る前では一度一呼吸置くために、最後にまたぐるっと教室を回る。このあたりでだれかを指名して正しく書けているかノートの問題文を読ませてみることもある。

　続いて最後が「問い」の部分である。

**もしも7回で全部を入れ終わったとすると、**
**青の箱には何枚入っているでしょう。**

　最後の1文は、「何枚」「入って」「いる」「で」「し」「ょ」「う」「。」じれったいくらいにゆっくりな速度で黒板に書けば、教室の全員が先生より先に書き終わるようになる。
　こんな些細なことでも子どもたちは「やった、先生に勝った！」と喜び、そのあとの授業に集中することができる。
　高学年の子どもでもこんなことでにこやかになる。きっと別の面が見れて、かわいいと思えることだろう。
　そして、問題文を書くという活動だけでも、こうして全員を同じタイミングで連れていくには大変なのだと感じると、このあとの解決の時間にはもっと気を配らないと教師に見えていないことがありそうだなと感じることができる。ここにも大きな意義がある。

コラム

　江戸時代の和算の本にある「ささだて」という遊び。

　黒板に磁石を10枚用意します（磁石1つが小判1枚の代わり）。赤と青の箱を描いて、赤の箱には2枚ずつ、青の箱には1枚ずつ移動させます。移動させるときは、大きい声で「はい」と声をかけて行い、その移動する様子を見ないで、どちらの箱に何枚入っているかをあてるゲームです。

　昔の人はこのような遊びを通して「考える」こと自体を楽しんでいたといいます。見ないであてるというところが手品のようで、子どもたちも不思議に思います。

　ポイントは「はい」という声です。

　赤に入れるときは2枚だから、赤に入るのは、0, 2, 4, 6, 8, 10 になります。

　磁石（小判）は全部で10枚。赤が0枚のとき、青には10枚。赤が2枚のとき、青には8枚。

| はい（回） | 5 | 6 | 7 | 8 | 9 | 10 |
|---|---|---|---|---|---|---|
| 赤（枚） | 10 | 8 | 6 | 4 | 2 | 0 |
| 青（枚） | 0 | 2 | 4 | 6 | 8 | 10 |

赤＋青＝10

　表に整理してみると、7回で10枚の磁石を移動させたのですから、赤に6枚、青に4枚入っていることになります。

　原理は鶴亀算と同じです。授業では、7回はどうやって考えたらいいのか見当がつかなくても、10回や5回ならわかるというところからスタートすることが多いですね。「はい」という声の回数をたよりに、子どもたちが「もしも」と考え、場面を整理していくことで解決に向かうという展開ができます。「すべてを赤に入れたとすると、20枚必要」というところから、「7回の『はい』を全部2枚だとしたら、2×7で14枚必要になるけれど、小判は10枚しかない。だから、14－10＝4で4回分は1枚になっているはず」

　つまり、「はい」×2－10 が青の枚数になります。

次の例は問題解決の自力解決に入る前に、子どもが課題をどのように理解しているかを、彼らとのやり取りの中で診断していくことの大切さがよくわかる授業の例である。

実践ナビ 子どもの困り方は予期せぬところにある

　飛び込み授業で、次のような問題を示した。
　最初にAのような図形を見せて、周りの長さを尋ねる。

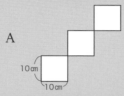

A

10cm
10cm

　Aのときは1辺10cmの正方形の周りの長さ3つ分だから、40cm×3で120cm。続いてこの図形に画用紙などで覆いをして隠し、次のように問う。
　「今からこの形に同じ正方形を少し継ぎ足して新しい形に変身させます。ぱっと見て周りの長さが増えたか、減ったか判断してください」と。

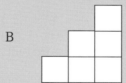

B

　覆っていた画用紙を取り除いて変身したBを見せるとほとんどの子どもたちが「増えた」と判断する。そのあとでノートにこの図形を写して調べてみると、周りの長さは120cmと変わっていない。
　「あれ？　どうなってるの？」と子どもたちが感じ、その謎ときをはじめるという授業。

この授業は、3年生や4年生でやってみると楽しい展開になる。

　目的は論理的に理由を説明していく力をつけること。この時期の子どもたちはきまり発見には喜んで取り組むが、演繹的に理由を説明するような場面になると途端に意欲を失うことが多いから、ときどき取り入れていきたいと考える。

　周りの長さを尋ねる問題は、日本の教科書では面積の学習の導入の際によく取り上げられる。しかし、その目的は「面積は周りの長さには依存しない」ということだけで、その仕組みを深く扱うことはしていない。もったいないと感じている。

### 1枚の正方形を使って「周りの長さ」という言葉の約束を確かめる

　私は、この教材を用いた飛び込み授業のときはいつも、オープニングに正方形のカードを1枚だけ出して1辺が10cmであることを告げ、「周りの長さは何cmですか」と尋ねることにしている。質問の意図さえ伝わっていれば、これなら誰でも答えられるはずだからである。

　しかし、30名ぐらいのクラスで、挙手する子どもはだいたいいつも10名程度。

　この場面で手を挙げている子に指名してはだめだと先に述べた。本題に入りたいのをここはぐっと我慢して全員の心のスイッチを入れることに取り組む。

　そこで「正方形の1辺の長さは何cmって言ったっけ?」とまずは情報が伝わっているかどうかを確かめてみる。

　近くの子どもの列を順に歩きながら尋ねると、「10cm」という声が続く。黒板にも正方形の図と10cmのことが書かれているので、これは大丈夫。

　続いて「では周りの長さという意味はわかりますか」と尋ねてみる。するとよくわからないという子どもが何人もいることがわ

かった。

　そうなのだ。日本語の「周りの長さ」というイメージと算数で尋ねる「周りの長さ」のイメージが異なるのだ。

　ここを押さえないで先ほどの授業を進めても意味がない。

　しかし一般には、問題を提示して子どもが困っていると、すぐに解決のヒントなどを話題にしていることが多かったのではないだろうか。

　子どもはまだ問題の意味がわかっていないのである。ここでいくら解決のためのヒントを出しても役には立たない。この状況に教師が気がついていないことが多いのである。

　このときは「周りの長さ」という言葉の約束を確かめるために、数人の子どもに黒板のところに出てきて、なぞってもらった。そのあとで聞いていた子ども全員に同じように空中で周りの長さの形を描かせてみた。

　それでも指の動きが異なる子が何人かいたので、今度は隣同士で周りの長さとなるところを指でなぞることを、ノートを使って交替でさせてみた。ここまでして再度「では周りの長さは何㎝ですか」と尋ねてみる。今度は手を挙げる子どもがどっと増えた。ここまでやってようやくである。

　実をいうと、私がこれに気がついたのはかつての飛び込み授業のときだった。

　簡単なことを尋ねていたつもりなのに、なかなか周りの長さについて反応してくることができない子どもがずっといる。やる気がないのだろうかと思ったが、表情が戸惑っているのがわかった。試しに先生が尋ねている周りの長さのところに色をぬってごらんと告げた。

　すると、その子が「全部ですか」と尋ねたのである。彼女は図形の周り全体を塗ろうとしていた。このとき、やっと彼女の困り方が見えた。反省の時間である。

そうか、周り全体の空間をそうとらえていたら、確かに長さを尋ねられても困るなあと・・。それ以降、私は必ず問題文の中の言葉自体の意味が伝わっているかどうかを確かめる時間をとることにしている。

## 4 問いが持てるように　めあてを書く

　では、次に本時のめあてが生まれる場面について述べてみる。
　かなり減ってきたが、未だにめあてをきちんと板書することだけを形式的にしつこく強制する地域があると聞くから、本質をとらえていない指導者の存在については困ったものだと思う。

　授業の最初に「め」という磁石をはり、お決まりのスタートをいつもする先生たちへ。
　私がかつて教えていた大学生の算数に対するアンケートの一文を紹介しておく。

　「私にとっての算数の時間のイメージは退屈なもの、つまらないものにつきました。とくに小学校のころ、担任の先生が「め」という磁石を黒板にいつも最初はるのですけど、そのとき、あー、また今日もつまらない時間が始まると思ってました」

　どうだろう。心が痛まないか。
　「め」という磁石が悪いというわけではない。
　その瞬間に子どもたちが退屈に感じているという時間の持ち方そのものが問題なのである。
　だが、スタートにめあてをきちんと書きたいというのは教師の性でもある。どうしてもいつも同じルーティンで始めたいわけだ。

とくにめあてはきちんと書かないと気持ちが悪い……なんて状態になっている方もあるだろう。

　いつも同じルーティンでスタートするということについては、私も気持ちもわかるし、その点に関しては私もあまり変わらないかもしれない。

　日常を振り返ってみると、いつも見ているテレビドラマも同じような始まり、同じような終わり方のものもたくさんある。

　でもそれでも退屈になっていないものもある。

　何が違うのだろう。

　取り掛かりはいつも同じでも、その後で何が起きるかで子どもの期待度は変わるのである。

　このあたりでいつもトラブルが起きるぞ、今日は何だろうと子どもが構えてくれたら、同じオープニングでも子どもたちは期待に満ちたわくわくの時間を過ごせるようになる。

　大切なのはめあてを書くことそのものではない。

　めあてを子どもが実感することである。いや、めあてを子どものものにすることであるといってもいい。

　では、そんなシーンをもっともシンプルな場面で見てみよう。

## 「先生、それ変だよ」
## 子どものツッコミからはじまる算数授業

　立方体の授業をしていたときのこと。

　一人ひとりに工作用紙でつくった立方体を持たせ、次のように尋ねた。

「この立方体には辺が何本あるかな」

　子どもの予想はいろいろ。ここで、

「よし、では先生が確かめてみるからみんなも一緒に声を出して

数えてね」と告げ、数えはじめる。

　教師は立方体を手にして回しながら数えていく。立方体を動かしているから、見ている子どもも数えている教師本人も、どれを数えてどれがまだなのかわからなくなる。でも教師はそのまま延々と数え続けてみせる。

　私はこの授業を日本各地で行ってみたが、教室によっては延々と数える声が続くところがある。

　でもさすがに 20 本目くらいになると子どもたちがざわつきはじめる。何だか変だなぁと思うけど、それでも先生に失礼なことを言ってはいけないと思っているのだろう。誰も私を止めることはしない。

　ときどきバラエティ番組でも見る光景。誰か早くツッコめよ、という時間。あれと同じ。

「誰か止めないと、先生はこのままずっと続けるよ」

　ようやく教室に笑い声が響く。

　普段から教師と子どもが対話をしているクラスでは少し反応が早く、13,14 本ぐらいになると、

「先生、それさっき数えたよ」

「ねえ、くるくる回しながらやったらダメだよ」などとアドバイスが入る。これがいい。

「先生、下手だね。ぼくの方が上手かも」というような声も聞こえてくる。そこで、

「では、君たちだったらどうやって数えるの？」と尋ね直す。ここで本日の課題ができた。

「立方体の辺の上手な数え方を考えよう」と黒板に書く。子どものめあてはこうして誕生する。

　このぐらいならば、だれでもできると思うのだけど。

　ただし、毎回、これを実現しなくてはならないと思うと負担になる方もあるだろう。だから、ときどきでいいので大人の課題が子ど

もの課題にうつる瞬間を意識する経験を増やしていくといいと思う。

　教師が困ったタイプの子どもを演じていると、次第に子どもたちも安心する。なんだ大人もそうなるときもあるのかと子どもが感じてくれたらしめたものだ。

　**子どものめあては、本当は困った顔をした子どもの姿の中にある。**そう考えると、挙手指名方式は、困っていない子どもを当て続けているから、めあてが大人のものから子どものものにならないのである。

　逆に言うと、困っている子どもに目を向けさえすれば、めあてを子どものものにすることができるようになる。

　それが気軽に出せるようにしてあげればいいのである。

　しかし、最初は鎧兜を着ていて、なかなか子どもたちが本音を出さない。算数では正解を出す子がスターだと思っているわけだから。

　そこで、子どもたちが本音を出しやすくなるように、教師はいろいろな手立てを行うことが求められる。

　いくつか種類があるが、私がよく使っているのは次の４つのタイプである。

## その１　教師が困った子を演じる

「先生が子どもだったらこうするかな……」と演じてみる。

　低学年ではよく使える。

　高学年ではわざとらしいと言われるかもしれないから、ここは教師の人間性が問われるところだ。漫才のボケとツッコミのような関係になっていれば高学年でも楽しめる。

　子どもから「いやいや、それはないから」とか「さすがにそれは変でしょう」なんてツッコミが入るようなら楽しく展開できる。

## その2　教師そのものが本当に間違える

　間違えても自然なもののときには大人が本当に間違えてみればいい。

　典型は漢字の書き順のようなとき。もしかしたら本当にこの先生、わかっていないかも……。

　そんな瞬間は子どももムキになる。その1よりも盛り上がる。

　内容面で大人が理解できていないというのを演じるのは若い先生だと抵抗があるかもしれない。そんなときは、子どもの言葉を聞き間違えるというようなときに使ってみてもいい。

　すると、「先生、A子さんの意見はそういうことじゃないと思うよ」なんて子どもがかかわってくるようになる。

　いずれにせよ、その2が自然にできるようになったら教師もかなり達観した領域に入っていることになる。だがどうしてもプライドが邪魔をして、その1を演じることが多くなる。あまりわざとらしいと子どもに相手にしてもらえなくなるからご用心。

## その3　正解を尋ねないで間違え方を尋ねる

　これは教師が間違い役を引き受けるのではなく、中立の立場を演じる場合である。

　算数では、すぐに正解を尋ねてきたけれど、それをやめてあえて間違い方を話題にし続ける。

　この場合も1通りではない。

　A) クラスの他の友達の間違いを予想する

　B) 他のクラスの子どもの間違い方を紹介する

　C) 一つ下の学年の子どもだったらと仮定して考える

　間違いをだれがしているか、その場の設定によって子どもたちの意見は変わる。自分のクラスの子どもの人間関係などを考えて使い分けするという配慮も必要になる。

　Aの場合は無神経にやると、間違えている友達探しになってしま

い、かえって苦手な子どもたちが身構えてしまう空気をつくりかね
ないから、これも注意が必要である。

## その4　選択肢で、答えを示しその中に正解がないようにして
　　おく

　かつては、このその4の方法がよく使われていた。

　ただし多くの場合はこの選択肢の中に正解が入っていて、先行知
識のある子どもにとっては先が見え見えの展開になってしまうこと
も多かった。

　最初は正解を話題にしないという共通の姿勢を貫けば、このとき
も選択肢に正解を入れなければいいのである。
「今、みんなの答えをずっと見て回ると、この3つがまず目に留ま
りました」というようにして紹介すればいい。

　このとき、選択肢の中には、実際にはないものを入れたり、逆に
あるものを入れなかったりと、その場に応じて変えていくこともで
きる。このように考えると、問題文を伝え、この選択肢を提示する
ところまでを実は問題提示の時間と考えることもできる。

　そして、子どもたちがその中には正解がないと言い出せば、それ
ぞれの選択肢の答えが違うことを先に説明させればいい。

　本当に選択肢と同じ間違えをしている子たちにとっては、この時
間はとても有意義な時間になる。


　いかがだろう。

　自分のクラスの子どもたちの中にどのような苦手意識があるか、
さらにはクラスの雰囲気、前学年までにつくられてしまっていた算
数に対するイメージなどによって、こうして日々メニューを変えて
仕掛けていくことで、子どもたちの鎧兜を自然に少しずつ脱がして
いくことができたら、算数の授業も大きく変わる。

# 5　子どもと対話するときに教師が意識しておくこと
## 子どものつぶやきの後ろにあるものを探る

　さて、では子どもたちが問題解決の活動に入ってからのポイントについてここからは述べていくことにする。

　**大切なことは、子どものつぶやきや気づきを見逃さないこと。**

　これについては、算数の世界では昔から大切にしてきたことなのでよく話題になっていることだと思う。

　だが、子どものつぶやきを大切にして展開したことで、授業が混乱した、めあてに辿り着けなかった、成果につながらなかった、などの声もよく聞くのである。

　やはり、教え込んだ方が能率がいいのではないかと悩む日々に……。私の仲間にもこんなシーンに陥る方をよく見かける。

　断っておくが、子どもの「つぶやき」や自由な発言を紡いでいくことが大切なのはよく知られていると思うが、なんでも取り上げればいいというものではない。

　それぞれの子どものつぶやきには、その子どもの思考の背景が見えていると考えてとらえておくこと。

　先ほどの立方体の授業の例でいうと「先生、それさっき数えたよ」というつぶやきにはその子のその時点での数学的な見方・考え方が隠されている。

　だから、とくに授業の前半では、つぶやきの背景を意識して指名計画を立てないと混乱する。

## 実践ナビ　子どものつぶやきの背景を考えて指名する

　先ほどの授業では、私はまず「それさっき数えたよ」とつぶやいた子どもを指名した。

すると、「数え終わった辺に印をつければいいのに」と言う。さっき数えたものと、そうでないものをわかるようにしようというアイデアは、1年生や2年生のときに数を数えるときに見つけた考え方。ちゃんと低学年時の学びを生かしている姿をここでほめる。先ほどのツッコミからこの説明がでてくることは予想できたので、この子を最初に指名したのだ。

　次に「くるくる回しながらやったらダメだよ」と言った子を指名する。

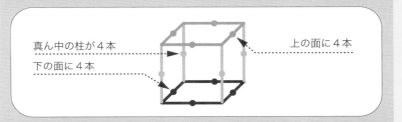

真ん中の柱が4本
下の面に4本
上の面に4本

　今度は立方体を固定し、上の面、真ん中の柱、下の面とパーツに分けて数えはじめた。これは図形の構成を立体的なイメージをもって考えている子である。これも先ほどのツッコミから予測できた。

　この指名順を逆にすると、最初の子どもが自分の説明を少し低学年的だと感じてしまい、言いにくくなる。子どもたちも自分と友達の説明はどちらが高度かというのはすぐに感じる力は持っているので。

　読者の先生方も経験にあるだろう。職員会議で、意見を求められて自分よりも優れたアイデアなどが披露されたあとで、今更こんなこと言いにくいなと感じること。子どもも同じである。

　意図的指名は、こうして子どもの素直なツッコミから瞬時に思考の背景を把握して行うとよい。

　単に子どもにツッコませて笑って授業をすればいいというのではなく、それぞれの子どもたちの自然なつぶやきの中に数学的な見方・考え方が見え隠れしているのだととらえて、聞き取り、位置付けていくことが大切である。

立方体を固定し、上の面、真ん中の柱、下の面とパーツに分ける数え方を見て「4本が3セットだから、4×3という式にできる」と言い出した子がいた。

　4×3で12本になると結果を求めたのではなく、この状態を式で表現することができると言ったのである。

　実は、私と同じこの場面を真似て授業した先生がいて、私は参観者として同じシーンの受け答えに複数回遭遇したことがある。

　そのすべての先生が答えの12本に話題をもっていってしまっていた。

　子どもたちは4×3「に」できると言っているのに。

　「に」と「で」は、大きな違いである。4×3「で」できると言っている子は、その計算を使ってできると言っているのかもしれないが、4×3「に」できるというのは、答えの12本の方に目的があるのではなく式表現の方にあるということ。

　式には計算の結果を求める役割と、このように場面を表現する機能がある。

　子どもたちのつぶやきの中の「で」と「に」の微妙な違いにも心を配る力が必要なのである。


　私が行ったときは、これを聞いて、「ぼくは3×4という式にもできる」と言い出した子がいた。

　3本ずつが4セットあるようにも見えるというのである。

　ここから、式で表現された状態を推測しあう活動が始まった。


　辺の総数を求める課題から、図形の構成の話題になり、その表現方法の違いにより同じ図形なのに人によって見え方が異なることを学ぶ時間へと変容し向上している。

　私はここでもとぼけて見せた。

「この形で3本ずつが4セットなんて先生には見えないなぁ」と。

すると、聞いていた別の子が、

「カタカナの『コ』の字の形がつながっているんだよ」と反応する。先生がボケると子どもたち同士でつながっていこうとするようになるところがいい。

　３本が４セットとは、次の図のようなイメージ。確かにこれを組み立てると立方体になる。

「コ」の字がつながっているんだよ！

　学力テストでマッチ棒の数を数える「変わり方」の問題があるが、よく似ている。つまり、同様の見方を実は立方体の辺の数え方のときにも引き出せるのである。

　教室にはイメージが持てない子どももいたので、数え棒などを使って、組み立ててみる時間を取った。確かにちゃんと立方体になる。

　すると、さらに別の子が、１つの頂点に集まる３本の辺のセットが４組あるようにも考えることができると言い出して盛り上がる。

３本の辺のセットが４組あるよ！

　これは、大人でも豊かな空間概念がないとついていけない人がいるかもしれない。実際に組み立ててみて子どもたちも感心し、「これ、おもしろいね。立体パズルみたい」と喜んでいた。辺の数を数えるだけで、ここまで深めていく授業展開もできる。

この授業のきっかけは、子どもの「先生、それさっき数えたよ（変だよ）」だった。彼らが自分で説明したくなる瞬間をボケとツッコミのタイミングでつくることを意識したのである。

　大切なのはツッコませたら、その言葉の背景にどのような見方・考え方があるかを探って分類し、その後の展開に生かしていく意識を持つこと。

　だから、教師はぼんやり聞いていてはいけない。

　日々の授業では、もっと多岐にわたるつぶやきが出る。

## 6 意図的指名が失敗するとき ～それでも子どもは異なることを言い出す～

　しかし、子どものつぶやきを考えて見守り、配慮して意図的指名をしたとしても失敗することがある。

　先ほどのつぶやきを聞き取って、その子を指名したのにまったく別のことを話し始めるのはよくある話。座席表に懸命に書き込んでいて意図的指名をしたのに、その子が別の考え方を発表し始めてしまい、慌てふためく先生の姿もよく見かける。

　子どものつぶやきは無意識である。しかも、次の瞬間にはもう別のことを考え始める。

　つまり、彼らは刻々と変化する生きものなのだ。

　そこで、少し間が空いてしまった場合は、「さっきＡくん『そこ、もう数えたでしょ』って言ったよね。数えたかどうかがわかるいい方法があるの？」と、その瞬間のつぶやきを巻き戻してあげればいい。

　加えて「Ａくんの工夫をみんなもお隣どうしで想像してみよう」と告げ、方法を考えさせる時間もとる。もちろん、Ａくんのいる席では隣の子が予想を言うことにすればいい。

このみんながガヤガヤ話している間に、教師はＡくんの側に行って何が言いたいのかを確かめておく。これで完璧。

　私はこの手法を、発表の苦手な子どもを指名する際にも、よく取り入れている。たとえば、Ｃ子さんがあまり発言をしないタイプだったとすると、こうした２人の発表の時間をまずとっておいて、Ｃ子さんの側に行って聞いてみる。内容が大丈夫ならば「いいね。説明上手だね」などと囁いて自信を持ってもらう。その後で当ててみる。つまり、いきなり指名して発言させるのではだめだということである。

　人間が苦手なことというのは、ほとんどが経験が不足しているだけだと私は思っている。毎日、たくさん手を挙げて発表している子が、発表が得意になるのは当然だろう。それでも授業中に発表するチャンスがもらえる子がそれほど多くないし、そもそもみんなぶっつけ本番で、一回しかない発表という時間。やはり多くの子どもに表現力をつけさせるには、頻度をあげるという意味も含めて発表する前には練習するという発想を持つといいと考える。

「今から誰かに発表してもらいますね。今、自分があてられたら、どのように話そうと思うか、お隣の友達と練習してごらん」

　その様子を見ておいて、指名する。これなら意図的指名も機能するし、苦手な子どもの活躍の場もつくることができる。

## コラム

　ある研究会で、指導的立場の先生が次のようなコメントを述べていました。

「未だに『机間巡視』という古い言葉を使っている方がたくさんいるが、教師は巡視をするのではなく個別に指導をするのです。だから、今、大切なのは『机間指導』です」と。

　読者の先生方も、このようなことを聞いたことがないでしょうか。

確かに机間巡視という言葉は古い言葉です。巡視というと見張っているようなイメージもありますね。何もしないでただ机間をブラブラ散歩していると誤解している人も多いようです。

　だから、机間指導という言葉にしてもっと積極的に子どもたちに関わりなさいというメッセージを出したいという気持ちもわからなくはありません。

　でもこのときの指導は個別指導のイメージになっているのではないでしょうか。

　それが子どもたちの間違いを机間を歩きながら訂正して歩くという姿に繋がっているのだと私は考えるのです。

　机間巡視は子どもたちの実態を観察して歩くことが目的です。だから、座席表などを持って子どもたちの様子を書き込んでいくことが一時期流行ったのです。

　あれは何のためかというと、このあとでどのような順序で指名していくと自然な思考の展開を追体験させることができるかを教師が考えるためです。これを意図的指名といい、このとき行う教師の準備を指名計画と呼びます。

　ここに個別指導の視点が入ってしまい、子どもたちの自力解決の間にヒントを与えたり、間違いを指摘したりして何とか正解までこの自力解決の時間だけで持っていこうとしたことで、実態把握のための巡視ではなく個別指導のための机間指導という言葉の方が合うようになってしまったのだと思います。

　巡視の目的は観察だったことを考えると机間巡視を取り入れる授業と机間指導を取り入れる授業では、授業者の授業設計の目的、そして、価値観が大きく異なることがわかります。

　だから、机間巡視が古いとか、机間指導しなければならないなどのコメントは実はナンセンスで、そのときの教師の目的によって教師の行為は変わるということを理解しておいた方がよいと考えます。

　そして、それぞれの立場を区別したとしても、実はその時間の持ち方には欠点がいくつも見えてきました。

とくに授業前半の自力解決と呼ばれる場面ではあまり長い時間をとってしまうと、子どもはどんどん変化してしまいます。

　早い子はさっさと解き終わって退屈にしていますし、苦手な子は問題の意味さえわからず時が過ぎるのを待っています。

　その姿を見てヒントを出したりしたくなる気持ちはわかりますが、ここで最初から一人ですべて解決させようとしたことに問題があるのだと私は考えています。

　最初は誰でも困ったことがあるものだということを前提にして授業を進めると考えると「自力解決」という言葉がよくなかったのだと思うのです。

　とりあえず「一人で考えてみよう」という時間を持つことに意味があったという程度でとらえ、「**一人思考**」の時間とでも名付けておけばよかったのかもしれません。

　目的は今の時点での子どもの困り方を見て、次の展開に役立てることだと考えると、こうした場面では子どもの個々のタイムラグをつくらないように 1 分ぐらいで机間を回り戻ってくることが必要になります。目的を絞ってそのポイントのことだけに注意を向け、それだけを見てあっという間に回るのです。

　普通にノートに書かせたのでは、わかりにくいのならば、その一つのポイントに絞ってノートに書くように発問や指示をすればいいと考えます。

　かつて野口芳宏氏が小刻みなノート発言を提案されていましたが、友達の意見に賛成かどうかだけを〇、×という記号を使って意思表示させる方法もその一つだと考えます。私も若い頃、よく使わせてもらいました。

「**自力解決**」ではなく
まずは「**一人思考**」の時間を
つくることが目的と考えると
ゆっくり子どもを見守ることが
できます。

# 7 節目節目で全員参加を促す
3つのフレーズを使う

私が初めて出会った子どもたちによく持ち掛ける言葉。
「今、あてられたら困る人??」
「困っていいんだよ。学校は困ることをみんなで解決するところ」
「ところで何に困っているの??」

　それぞれの言葉は、私もよく講演会で紹介するので、読者の方の中にも聞いたことがある方も多いと思うが、実は私はこの3つのフレーズをセットで使うことが多い。

　ちなみに「わかった人?」と、今までいつも子どもに尋ねていた先生たち。ためしに明日、「今、あてられたら困る人?」と尋ねてみてほしい。

　おそらく途端に子どもの顔が引き締まるのが想像できるはずだ。ただ、普段手を挙げてない子どもたちは、この問いかけでもなかなか勇気をもって手を挙げることができない。

　そもそも手を挙げるという行為自体になれていない子が多いのだ。低学年のときはあんなに元気よかったのに……。

　私は飛び込み授業で初めて出会う子どもたちによくこの問いかけを使う。(発問というほどでもないし、指示でもないので問いかけとしておこう)

　先にも述べたように最初はそれでも身構えているので手は挙がらない。だから、そのまま受け取れば、あてられても困らない子どもだらけということになる。

　ためしに目が逃げているある子を指名してみる。すると、やはり何も言えない。困っている。

　そこで、教師はこう告げる。

「いいかい、授業中は困ることがあっていいんだよ。学校に来るのはそれを解決するためなんだから。最初は本当はみんな困ることが

あるんだよ。それが自然なんだよ」

　そして、もう一度尋ねる。

「今、あてられたら困る人??」

　すると、二度目は多くの子が困っていると手を挙げるだろう。

　このとき、自分で手を挙げたという行為に大きな意味がある。少し心が動いたのだから。そこで、続けて尋ねる。

「そうか、困っているんだね。では何に困っているの？」と自然に話しかける。

　こうすれば困っていることを最初は自然に話題にすることができる。普段、最初から正解を言わなければならないと身構えていた子どもたちの肩の力が少し抜けるのがわかるはずだ。

　この質問に意外な答えが返ってくることがある。

「何を尋ねられたのか覚えていない」

　教師は問題がわからないから手を挙げないのだと思っていたのに、そもそも、今尋ねたことさえも伝わっていないことに気がついて愕然とする。これは「周りの長さ」という言葉の意味がわかっていなかったという状況のときとも似ている。

　まだ子どもは解決の活動には入っていないのである。

　それなのに教師は懸命に解決のためのヒントを与え続けようとする。処方が間違っているというわけだ。

　子どもたちの困り方を、医者が問診するように彼らと優しく対話しながら進めると、目に見えない差が表に出てくるようになる。

　それが見えたら私たちの手立ても適切なものへと変えていくことができる。

「今、あてられたら困る人??」

「困っていいんだよ。学校は困ることをみんなで解決するところ」

「ところで何に困っているの??」

　この３つの言葉で、授業の最初から、いつも正解ばかりを追い続

ける授業から少し変えてみよう。

　子どもたちの本当の姿がいつもより早く見えるようになる。

## 8　子どもの気持ちが楽になる課題の出し方をする　〜どんな間違いをするかな〜

　冒頭で子どもの気持ちを楽にする工夫として紹介した方法の中から、誤答を想定する場合の例について述べてみる。

　私がよく紹介する分数の足し算の導入。

　$\frac{1}{2} + \frac{1}{3}$ と式を書き、子どもたちに今日はこの計算の仕方を考えますと告げる。

　先行知識のある子は得意そうな顔をしているが、教師は正解を最初から求めることはしない。

「この計算を4年生に出したらどんな間違い方をすると思う？」
と別の学年の子どもの間違い方を話題にしてみる。

　講演会などでよく話題にするが、大人でもなぜだかニコニコして参加する。

　正解ではなく、間違えればいいのだからである。

　そして、多くの方が $\frac{2}{5}$ と答える。

　続けて「どうしてそう考えたのかな」と尋ねると、分母同士、分子同士を足したのだと言う。

　私が「へー、1+1+2+3 というように全部を足す子はいないのかな」と返すと、さすがにそれはないという。

　ここは「どうして？」と突っ込む。

　これが大切なのである。

「全部の数を足さないのか」と持ち掛けるボケ方に大切なポイントがある。

　これが「位置が違うと数字の意味が違う」という子どもの言葉を引き出すことにつながるからである。

　この事例は今までも紹介してきたが、ここでのやり取りの仕方に

ついて細かく説明したことがなかった。子どもに算数としての意味があるようにツッコませるには、算数としての話題が出せるボケ方が必要である。

　ここでは、そのまま足したのではだめだという話題を展開していくことを想定しているのだが、なぜそのように足したくなるのかをまずは整理してみる。

　すると、「今までもそうだったから」という声につながる。

　つまり、間違え方にはそれぞれの子どもの計算に対する過去のルールが表出するということである。これは先に述べたつぶやきと同じで、子どもたちの言葉の後ろには必ず理由がある。

　この場面では、私は「今までもそうだったから」と言った子どもから指名した。

　過去の経験を使えるというのは、数字の意味が違うという子どもの意見よりはわかりやすいと判断したからである。

　そこで、「今まで??」と問い返す。

　すると、やはり「21+31のような計算のとき」だと言ってくれた。なるほど確かに位同士足した経験がある。

　これを聞いて「位置によって意味が違う」といった子どもも「私も同じ」と参加してきた。

　子ども同士で意見をつなぎ始めた。素晴らしいことである。

　こうして考えると、同じ位置にある数字を足すという経験から行った計算方法だとすると、筋は通っていそうだ。
「それなら答えはこれでいいんじゃないの?」と告げてみた。

　これには先行知識のある子たちが慌てる。

　懸命に「だめだ」と言うが、この筋の通った説明にすぐには反応できない。答えを知っていて「だめだ」と言えるのだが、初めてこの問題に出会ったのならこのように答えても確かに不自然ではないはず。

　さあこのあと、どのように友達を説得したらいいだろう。

　すると、ここで図を描いて説明しようとする子が現れる。

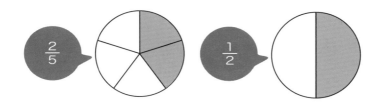

　イメージを持って語ることができる子は、今の矛盾点を友達にもわかりやすく伝える方法を考え出すことができる。

「先生、$\frac{1}{2}$ はもう半分あるでしょ。そこに何か足して、半分より答えが小さくなるはずがないよ」

　なるほど、こうして答えが間違っていることは説明できた。

　しかしここで、まてよ、そもそも $\frac{2}{5}$ が半分より小さいことはどうやって説明するのかな……。と持ち掛けてみた。

　すると、$\frac{2}{5}$ が $\frac{4}{10}$ になる話題につながっていく。

　私がここでこの話題を仕掛けたのは、これがこのあとの通分の考え方につながっていくものになると考えたからである。正解の方法を追わなくても、子どもたちと間違え方を話し合っていく中で、ちゃんと大切な思考方法が登場してくるのである。

　大切なことは $\frac{1}{2}+\frac{1}{3}$ の計算の答えをだすことではなく、そのときに使う大切な見方・考え方が連続して生まれ、話題になるように仕向けていくことである。

自分のクラスの子どもたちを試しに
3つのタイプに分類してみる。
話し合いを進めるときは、その3つのタイプ
からバランスよく指名して自分の授業の
進行速度を調整するバロメーターにする。

# 中盤から後半
# 話し合いで
# 練り上げていくときは
# 3つのタイプを
# 意識しながら進める

## 1 自分のクラスの子どもたちを
## 3つのタイプに分類してみる

　授業はこの話し合いの場面をどう構成するかがいちばん難しいと
言われている。活発な子どもだけでは他がおいていかれるし、苦手
な子だけに焦点をあてると停滞して退屈になる子が生まれてしま
う。

　どの子にも参加させながら学習内容の定着をはかる。

　高度な技術が求められる時間である。

さながら教師は楽団の指揮者のような役割を担うことになる。

パーカッションも、トランペットも、キーボードもちゃんとその役割と個性を発揮させなくてはならない。

ときにはソロで、そして、シンクロもさせて……。

そこで、私は自分を客観的に見つめなおすために、次のような視点で子どもたちの参加の姿勢を分類してみることがある。

ここでは大雑把に次のような３つのタイプを考えてみる。

この分類の視点はクラスの状態、授業者の問題意識によって変えればいい。

私が調整するのに意識しているのは

**a) 授業の前半には元気よく参加しているのに後半になると静かになるタイプ**

**b) できるだけあてられないようにと息をひそめているタイプ**

**c) 自信をもって積極的に発言を繰り返すタイプ**

の３つのタイプ。

その中でもとくに、私が自分の授業の進行速度の調整のバロメーターとして意識しているのはａのタイプの子どもである。

彼らは意欲はあるのに、途中で失速していく。

どこかのタイミングでｃの子どもたちがスピードを上げてしまうことでついてこれなくなるのである。

だから、ａのタイプの子どもをいつも意識して、彼らが元気がなくなったら、クラス全体の子どもにとっても展開が早すぎるのではないかと考えることにしている。

そんなときは、一度課題を確かめることに戻したり、意味がわからない言葉はないか、聞き逃していたことは何かと、立ち止まる。

ｃのタイプの子どもたちは放っておいてもどんどん前に進む。

　クラスの中に、こういう子どもたちが6,7人いて活発に話し合いを進めてくれれば授業の見栄えはいい。

　教師もつい頼ってしまいそうになる。

　だが実はクラスの7割の子どもたちはそれについてこれなくなってしまっているかもしれない。

　これでは意味がない。


　そして、よく観察すると、この活発な子どもたち、自分の意見はたくさん表現したがるが、友達の話はあまり聞いていなかったり、ノートがとれていなかったりする。

　私はｃのタイプの子どもたちのこうした側面もときどき観察してノートを書く時間をもう少しとるべきかどうか判断するのに使うこともある。

　観察する子どものタイプによって、必要な手立ての種類も変わってくるということである。


　さて、おそらく読者の先生方の多くがもっとも気になるのはｂのタイプの子どもだろう。

　ここに苦手とするタイプの子がたくさんいるからである。

　しかし、ｂのタイプの子どもの中には実はノートにはちゃんと自分の考えを書けている子がいたりする。

　つまり一人で解決もできているという子も存在するのである。

　人前で表現することだけが苦手な子どもである。

　ときには、早くいろいろなことを知ってしまっていて、冷めてしまっている子もこの中にいる。

　この子どもたちと内容が理解できなくて困っている子が、ともにｂのタイプのように見えていることがある。


　そこで、一見同じに見えるｂの静かなタイプの子どもも観察に

よって次の3つになると意識して授業の構成に役立てることが必要になる。

**b-1 内容が理解できないので発言できない子ども**
**b-2 発言はしないけど一人で解決はできている子ども**
**b-3 先を知り過ぎていて学びに冷めてしまっている子ども**

　一人で活動しているときに、どちらのタイプかを観察しておくことで、今後の展開の際の配慮も変わる。
　b-2の子どものように、実は表現することだけが苦手なのならば、隣の友達と話すときにチャンスをあげたりすることで経験値をあげることはできる。
　b-1のタイプの子どもとは対策が異なってくるのである。

　そして、興味深いことにb-2のタイプの子どもたちは、案外苦手とするb-1タイプの子どもをサポートすることに活躍してくれたりするのである。
　cのタイプの子どもは自信を持ちすぎているので説明も大雑把になることが多い。自分の理解のスピードで話すことに慣れているので聞き手の立場になりにくいからb-1の子どもたちと組み合わせたときに差が大きすぎて伝わりにくいのである。

　だから、授業をしていてcのタイプの子どもだけが手を挙げていたり、指名する子がcのタイプで連続し始めたら要注意である。

　その意味では、普段人前であまり話すことができないb-2のタイプは、人前で表現することの大変さも知っているので、苦手なことがある友達の気持ちがよくわかっている。
　そんな彼らの説明は、落ち着いていてゆっくりなので、苦手な子どもb-1にはちょうどいいというわけだ。

繰り返す。一見同じ静かなタイプに見えた b のタイプも 3 つの
タイプにわかれ、おそらく先生方がもっとも気になる b-1 のタイ
プの子どもを救ってくれるのも同じ b のタイプだとわかると子ど
もの見方が変わってくることだろう。ちなみに b-3 の子どもへの
接し方は、また別の方法が必要になる。

## 2 3つのタイプからバランスよく指名して 自分の授業の進行速度を調整する

　クラスの子どもたちのタイプをこうしてときどき分類しておい
て、話し合いの指名のときに、それらをバランスよく組み合わせて
みることを意識すると効果もあがる。
　ただし、この分類を決めつけてはだめである。
　定期的に整理してみようと思うだけで子どもたちの見え方が変わ
ることに意味があると考えてほしい。
　ときには分類の視点を変えてみると、また子どもたちの観察の仕
方も変わる。

　ここまでの話をもう一度整理する。
　a のタイプの子どもを観察して、彼らが最後まで参加し続けるこ
とができるスピードを意識する。

　b のタイプの子どもには 3 種類あり、b-1 と b-2 は実は組み合わ
るとお互いに気持ちが楽になることがあるということ。
　b-2 の子どもは人前での表現が苦手なだけ。
　b-1 の子どもは c のタイプの説明より b-2 の友達の方が安心で
きることがあるということ。
　b-3 には別の接し方が求められるということ（これについては別
の視点になるので、今は詳しく触れない）。

cのタイプの子どもが連続して発言を始めたら要注意。

それでは、こんな視点で話し合いを構成している授業の光景を紹介してみることにする。

a) 授業の前半には元気よく参加しているのに後半になると静かになるタイプ
b) できるだけあてられないようにと息をひそめているタイプ
　　b-1 内容が理解できないので発言できない子ども
　　b-2 発言はしないけど一人で解決はできている子ども
　　b-3 先を知り過ぎていて学びに冷めてしまっている子ども
c) 自信をもって積極的に発言を繰り返すタイプ

## 実践ナビ　3つのタイプを意識した話し合いの展開

2年生に次のような逆思考の問題がある。
子どもたちが苦手とする問題の一つである。

**公園で子どもが遊んでいました。あとから5人やってきたのであわせて12人になりました。はじめ公園には何人いたでしょう。**

ここでも、冒頭で紹介した様々な方法が使える。
★先生が間違える
★クラスの子どもの中の困っている人を想像する
★一つ下の学年の子どもだとどんなことにひっかかるかを考える
　などである。

ときには、これらの方法をミックスして使ってみることもできる。
このときは、教師が静かに黒板に

しき　　5+12＝17　　こたえ 17 人

と書いてみた。

　すると、元気よくクラスの子どもたちの多くが「ちがいまーす」と反応。

　とくに c タイプの子どもたちは自信満々に手を挙げてくる。言いたくて仕方ないという感じ。ここで彼らに指名したくなるのをぐっと我慢して「これではだめだと思う人？」と全体に尋ねなおしてみる。

　すると、多くの子どもが手を挙げる。

　続いて「理由が言える人？」と告げると半数が手をおろす。

　これがどの教室でもよくあるパターンである。

　だめだということはわかるけど、理由は説明できないなあというのが a のタイプの子に多い。

　そこで、このとき手をおろした a のタイプの子どもに「じゃあ、どうしてだめだと思ったの？」と尋ねてみる。

　すると、「なんとなく」「みんながだめというから」なんて声が返ってくる。

　いや、こうして言葉にしてくれる子がいるうちはまだいい。何も言えなくて固まる子もいる。それが b のタイプの子どもである。

　こんな場面でペアトークは役に立つ。

　ただしペアトークを使う目的をきちんと持つことが大切である。

　ここでは、全体ではなく少人数の中でならお話しできるのかどうかを見定めるために使う。ペアトークでも活性化しないのなら、課題が明確になっていないか、または課題が重すぎるかである。しかし、子どもたちが一斉に話を始めたら、どの子が説明できてどの子が苦手なのか把握できなくなるだろう。

　そこで、こんなときも視点を定めて子どもの活動を観察する。b の子どもが気になるのなら、さきほど説明できますかと告げたときに手をおろした子どもたちの中で、b タイプの子どもが座っ

ているところをだけを覚えておけばいい。

そして、彼らの会話だけをチェックする。

物事を調査するときに、全体を事細かく調査するのが全数調査だとすると、一部分で全体の傾向を知るための方法としてはサンプリングという方法がある。

ｂタイプの子どもたちの会話を聞いて、この問題の理由を説明するのに、サンプリングなのだという発想で見守れば、クラス全体の子どもたちがどのぐらい困っているのかを把握するのに使うこともできるというわけである。

ペアトークになればちゃんと説明できているようなら、プレッシャーの課題だけである。逆にb-2の子どもがどのように説明していいのか戸惑っているのなら、内容のハードルが高いということである。

子どもにとって課題のハードルが高いんだなと判断したときは、起爆剤にｃのタイプの子を使う……。

いかがだろうか。

こうして子どもの様子を診断しながら授業を組み立てていくという意識を持つと、子どもたちの困り方に寄り添う展開ができるようになる。

先ほど起爆剤として使うと述べたが、別の視点でいうと、このうずうずしているｃのタイプの子どももときどき指名してあげないとストレスをためるから、理由の説明など他の子どもたちが苦手とするようなシーンでは、活性化のきっかけとしての起爆剤になってもらうということには双方にとって意味がある。

私は飛び込み授業ではこの方法をよく使う。

ただし、そのときも次の二つの方法がある。

ア　cのタイプの子どもに説明させて、それが適しているときは、全員にそれを聞き取り再現することができるかどうかの活動に入る。
**※演繹的な理由の説明のときはアの方法を使うことが多くなる。**

イ　cのタイプの子どもの説明の前半を聞かせて続きを自分たちで考えさせる。
**※帰納的な発見のときはイの方法が有効である。**

　飛び込み授業では、私はよくイの方法をお見せすることが多いが、本当は前段階で友達の話を聞き取り再現できるようにするという基礎的な能力の育成もしておくことが必要である。
　極論をいうと、「聞き取る力」を育てれば学力はあがると私は考えているからである。

　イの方法を多用すると、cのタイプの子どもが満足しないのでフラストレーションがたまるから、私はあまり使わないと同僚から言われたことがある。
　でも、引き続いて「でも田中先生のクラスの子どもはいつもその止められた子どもがニコニコしていて、フラストレーションをためているように見えない。それはなぜだろうといつも不思議に思っている」とも。
　実はここにもコツがある。
　発言を止められた子どもが先生から認められているという自覚が持てるようにしてあげるサポートが日常的に必要なのである。
　それを日々行っておいて関係をつくっていないと子どもたちがフラストレーションをためるのは当たり前である。いつも利用されているだけだと感じてしまうから。
　どのようにして関係をつくるか。
　それは発見者の価値を次のように耳元でささやくのでもいい。

なぜ途中で止めるのか、その目的も子どもと共有すればいい。

「君の発見はすごい。できればみんなにもその発見のおもしろさを体験させてあげたい。力をかしてくれるかい？」というようにである。

こんなやりとりをちゃんと水面下でしておくことを忘れないようにしよう。

そして、それを、クラスの子どもにも伝わるようにしてあげることが大切である。

「実はこのアイデアを最初に先生に伝えてくれたのはAくんなんだよ。でもAくんはそれをみんなにも気づかせてあげたいといって我慢してくれたんだ」というように。

このような地道な下地作りをすることによって、止められてもニコニコしている子どもの姿が育つのである。

それは低学年でも同じ。彼らも人間だ。自分の見つけたアイデア、自分なりの工夫、それをちゃんと認めてほしいと思っている。とくにオリジナリティあふれるアイデアは尊重しなければならない。

こんなことにも心配りしながら子どもたちの交流を組み立てていく意識が大切になると思うのである。


さて、さきほどの授業の話題に戻す。

このときはなぜだめなのか理由を説明するという活動なので、cのタイプの子どもに一度すべて任せてみた。

頑張って説明してくれた。

そこで、聞いていた子どもたちに

「どうですか。今度はみなさんに説明してもらいたいんだけど、できる人いますか」

と尋ねてみる。

あまり反応はない。同じcのタイプの子どもたちが元気よく手を挙げているだけ。

そこで、子どもたち一人ひとりの状態が見えるように次のような

指示をした。

「では、全員起立。もう一度Aくんのお話を聞きます」

　Aくんにはもう一度、お願いする。

　終わったら、子どもたちに次のように三段階で状態を表現させる。

「今、あてられたとき説明できる人、座りなさい」

　続いて

「みんなの前ではできないけれど、隣の友達にならできるという人、座りなさい」

　これでもまだ立っている子どもが数名いるはず。

　子どもは正直である。この正直な子どもたちをこのままさらし者にしてはいけない。

　そこで、こんなときは、すかさず教師がこの立場に同調してあげる。

「そうだよね、友達の話を聞き取るって大変だよね。先生も小学校のころ苦手だったなぁ」などと言いながら、長く立たせておかないで、すぐに座らせる。

　ただしこのときaのタイプがどのぐらいいるか、b-1のタイプで立っていた子は誰かを覚えておく。気になる子だけでもいい。

　このあと聞き取り再現活動を何度かさせるけれど、気になっていた子どもがどの段階で元気になるかを観察しておく。

　クライマックスでは、できれば最初に指名してみんなの前で表現させるのは最後まで立っていた子の中からaのタイプを選んでためしてみるといい。

　多くの先生はb-1のタイプの子どもばかりに目が行くだろう。その優しさは大切だが、彼らにいきなり挑戦させるのはかなりハードルが高い。b-2の子どもも実は同じで、勇気を持たせてあげるには見本を一度見ておきたいと思っているはず。

　だから、最初はaタイプがいい。

　しかし、だからといってcタイプのように上手な説明は期待できない。でもそれがまたいいのである。見本が立派すぎると、その

あとはやりにくくなる。aタイプの子は意欲も元気もあるから、内容の説明に灯りがともれば頑張ってくれる。

　こうして一度見本が示されれば、b-2タイプの子どもは「ああやっぱり私の説明でよさそうだ」と自信を持つ。b-2のタイプの中には座席で座ったままなら表現できている子もいる。

　そんな彼らを友達の前で説明できるように勇気づけるには、教師がそばに行って内容を聞き取り、お墨付きをあげておくといい。「なるほど、その説明はうまいなあ。それならいいね」などと言っておけば友達の前で間違えるという恥ずかしさに出会うことはないので、あとは勇気だけつければ表現できるようになる。

　でもまあ焦らなくていい。

　隣の友達や班の中でなど次第に説明する人数を増やしていくという経験をさせる程度にしておこう。

　どこかの段階で少しでも手を挙げて話をしようとする日が来るのではないかとゆっくり待つ時間もいる。


　また、さきほどの座らせるシーンのときに、教師が事前の分類でたとえばb-1やb-2のタイプだと思っていた子どもたちがどのぐらい座るかなどをときどきチェックしておくといい。

　教師のとらえ方と子どもの実態のずれをこうしてときどき修正していくことも必要になる。

　これらも立派な評価の活動である。

　断っておくが、対象とする内容、問題、場面によってこれらは微妙に変化してくる。だから、各タイプの分類も決めつけないという意識をいつも持っておくことが大切になる。

　もっともわかりやすく、そして、教師が気をつけなくてはならないのはcのタイプの子どもにばかり頼って授業を進めていないかどうか。

　それを強く反省することである。

さて、このときの座席で隣同士で行っている子どもの説明には、次のようなものがあった。


　ア「最初に公園にいてそのあとで増えたのだから、最初は12人よりは少ないはず。」
　この説明は、答えが17人になるのは変だという理由になっている。
　イ「あわせてという言葉があるから足し算にしたのだと思うけど、これは足し算ではない。」
　この説明は式が違うという説明をしているが、実は理由はまだ語っていない。
　ウ「最初にいて5人来たのだから、？に5を足して12という式にするのなら足し算が使える」
　これは素晴らしい。□を使った式の授業のときに出てきたら泣いて取り上げたいぐらいの説明である。これには足し算の式にするには式を変えないとだめだという提案が含まれている。


　読者の先生方だったらどの意見から取り上げるだろう。
　私はイから取り上げた。だがこのイの説明をしていた子どもがb-2のタイプの子どもだった。cタイプの子どもだったら、きみのは理由を言ってないよ、なんて挑発してみるのも手だが、b-2の子には向かない。
　そこで、このときは、私がボケる方法を使ってみた。それが・・「え？　あわせては足し算だろ？」という教師のつぶやき。
　この言葉で、静かだった子どもたちがムキになる。
　これがウの子どもの登場にもつながっていくことは期待できるだろう。
　このあとの展開の詳細はまたの機会にするが、要するに子どものタイプによって指名するタイミング、教師の対応策を変えていくという配慮が何通りにも必要だということである。

自分なりの工夫を子どものタイプに合わせて使い分ける、組み合わせるというアナログな使い方ができるのなら、一人ずつの教師が自分なりのマニュアルを心の中に持っておくことも有効になる。

　だがそれが一通りだったり、デジタルなものだと、使えないときもあるし、場合によっては子どもを傷つけることもあるから、くれぐれも注意したいところである。

## 3　一人ぼっちにする前に 2人で話す最終チャンスで浸透度をあげる

　発表も練習が必要だと先に述べた。
　この意識はまとめの段階にはより重要である。

　先ほどまでの話し合いのときは、途中の発表は話題の転換だったり、思考を深めるきっかけづくりだったりと様々な状態になっていることが許されるけれど、授業の後半になったらどの子にも等質の活動を保障しなくてはならないからである。

　だから、最後はどの子にも参加させないといけない。

　このときには先ほども紹介した「聞き取り」の活動が大切になることが多い。
　友達のまとめを聞いたとき
「なるほど。みんな今３つ聞いたけれど、自分の中で整理できたかな。どれが自分にとってわかりやすかったかな」
　付け加えて「このあと一人になっても言える？」と尋ねてみる。

「言える」と言っている子と、不安そうにしている子が必ずいるはずだから、

「じゃあ今から、一人ずつノートに書いてもらいます」と告げてみて追い込み、えーという顔をする子を見つける。

この顔をとらえて、ノートに書く前にもう一度、友達と何を書くか確かめておきたい人いるかなと持ち掛けてみる。

とくにaのタイプの子どもに不安そうな子が何人もいるようなら、ここはもう一度ペアでの伝達、確認の時間がほしい。ペアでは心もとないと思ったら4人のグループを使うことも考える。

この「あとで一人になってノートに書く」という活動を示してからペアトークや班活動をするということが途中の話し合い活動のときとの大きな違いである。

もちろん、話し合いのときも「書く」活動は行うが、あまり使いすぎると時間がかかりすぎる。だから、話し合いのときは一言メモぐらいのように時間差が生まれない「書く」活動を取り入れるなどの工夫を意識することが必要になる。

しかし、まとめの段階では、一人ひとりに「書く」時間をしっかりととりたいものである。子どもは、このあと一人ぼっちになって書かなきゃいけないとなると必死になる。

より必要感を持たせるために、一人で書かなければいけない状況を一度つくり困らせてから、恩着せがましくペアの活動に入る。

一人で書くときに苦労したな、という経験があれば、友達と話ができる最後のチャンスを少しでも利用しようという心情が働くからである。テストの前に懸命にノートを見直そうとするのと同じである。

# 4 「聞き取り」のためのペアトーク再考

最後に子どもの交流のためによく使われるペアトークそのものについて触れておく。最近はペアトークの乱用が話題になっている。

確かにあまり発言のないクラスでもペアで話す時間をとればにぎ

やかになる。だから、子どもたちが発言してくれなくて困ると頻繁
に使うようになる。しかし、そこで、にぎやかに行われた子どもた
ちの発言内容を教師が理解しているかというと、そうとは言えない。
下手をするとペアトークの間に教師が休憩をしている光景さえ見か
ける。

　だからといって、昔の問題解決学習の授業のように座席表を持っ
て机間をまわり子どもの発言を記録しようとしても、同時進行で行
われている子どもたちの会話の大切な部分をきちんと聞き取ること
は不可能に近いだろう。

　最初は元気よく話をしていた子どもたちも、そのうち話をしても
先生や他の友達が聞いてくれるわけではないとわかると、話し甲斐
がなくて意欲が落ちてしまうかもしれない。

　だからこそ、私たちは目的をしぼって使わなければならない。


　私がよく使うのは先ほど紹介したように、**友達の大切な発言を聞
き取っているかどうかを見る再現活動**としてのペアトークである。


　授業の中では、これだけは子どもたち全員に理解してもらいたい
という内容があるはず。まとめはとくにそうだと先ほど述べた。

　話し合いのときにも大切な考え方が友達から報告されるときがあ
る。このとき、子どもたちは本当に友達の話を聞き取っているのだ
ろうか。もしかしたら丁寧に先生が要約してくれるのを待っている
だけかもしれない。

　丁寧すぎる先生のクラスでは、子どもはすべて教師を頼る。まと
めも教師が丁寧に書いてくれるのをただ写すだけになっていないだ
ろうか。

　聞き取る力は、学力の大切な源になる。今後の人生においても人
の話を自分で聞き取り自分の中で再現することで理解していくとい
う学習の仕方は必要になるはず。

　そう考えると授業においてもそのシーンを意識して取り入れてい

くことが必要だとわかる。

　ある日の授業で私は次のように指示した。
「今のＡくんの発言を、これからノートに書くことにします。書ける人立ちなさい」
　おそらくぼんやりと聞いていた子どもたちの多くはこの時点では立てないはず。
　このとき使う、子どもを立たせる、座らせるという手法は昔からよく使われている方法だが、子どもたちにとっては結構つらい時間になることもあるから、これも使い分けが必要である。

　ちなみに全員を立たせておいて「書ける人座りなさい」という方法と、このように逆の指示の方法では、実は子どもたちにとって行動に移るときのハードルが違う。
　立たせておいて座っていく方が子どもにとっては少し気持ちが楽なので多くの子どもが座りやすい。
　この場面では、友達も案外聞き取れていないんだなと思わせたいときは「聞き取れた人立ちなさい」の指示の方にしておく。
　座っている状態から立つのは少し勇気がいる。
　だから、人数が少なくなる。
　この光景は、苦手な子どもたちが（なんだ、みんなも同じなんだな）と感じることになるので安心することにつながる。
　**安心させたいとき、緊張させたいとき、場面によって子どもを動かす指示も使い分けが必要になる。**

　子どもたちに意思表示させたあとで「もう一度Ａくんの話を聞きたい人？」と尋ねてみる。多くの子どもが手を挙げることだろう。そこで、再度Ａくんに説明してもらう。こうして追い込むと聞き手になる子どもたちの集中力もあがる。
　次に「今、聞き取ったことが同じかどうか、隣同士で確かめ合い

ます。２人でじゃんけんをして勝った人からお話ししてみてください」と告げる。

　これを２人で交替で行い、聞き取った内容が同じかどうかを確かめ合う時間をとる。

　もちろんうまく話せない子もいるが、２人で交互に確かめ合う中で再度友達から説明してもらう時間があるので、聞き逃した子どもはここで再度参加するチャンスもできる。交替で話してごらんと言ってあるが、最初に苦手な子どもが話しているときに、自然に聞き役の子が助けたりしているものである。こんな子どもはほめてあげると２人が攻め合うようにならない。

　いずれにせよ聞き取りと確認を意識したペアトークの時間によって子どもたちの学習の浸透度を高める時間ができるところによさがある。まとめの段階では、こうした配慮も取り入れてペアトークの使い方も変えていく。

　聞き取りを目的にすると話が拡散することはない。

　解決の様々なアイデアなどを聞く時間をペアトークで行うと内容が拡散してしまい、あとから集約するのが大変になる。

　一人の子どもの発言内容をみんなで聞き取っているのならば内容が絞られているため、教師も子どもの様子を観察しやすい。

# 5 まとめの仕方も目的によって変える
## 内容をまとめる、過程をまとめる

　なぜ「まとめ」を書かなくてはならないのか。

　子どもたちにその時間の授業が届いているかどうかを見定めるためか、それともまとめをする活動自体で確かな力をつける時間とするためか。

　前者は教師の立場として、後者は子どもの立場としてのまとめの意義だが、どちらにしても、ただ教師が黒板に書いたものを写せばいいわけではない。それで達成できるのなら算数でも全文視写をす

ればいいのだから……。

　一口にまとめというけれど、その日に起きた流れをまとめる場合と、内容をまとめる場合がある。

　内容をまとめる場合については、「聞き取り再現活動」のところで述べたので、流れ、つまり過程をまとめる方法について述べてこの章を終える。

　流れをまとめる場合は、算数の授業を題材に、その授業における自分の心の変容や、友達の考え方への関わり方など、１時間にあったことを説明文として書かせることを私はよくやっていた。

　たとえば１時間目に算数、２時間目に国語の授業があった場合、１時間目の算数で書いた黒板をそのまま消さずに２時間目に、その黒板を見ながら作文を書かせる。（拙著「『板書見ながら』算数作文」明治図書に詳しい）

　今日はこんな話題で、こういう勉強をした。発言したいと思っていたけれど友達に発言されてしまった。友達の意見はこういう意見で、私はこう思った、…盛り上がった算数の授業のあとで、出来上がったばかりの黒板を見せながら作文を書かせると、国語の作文が苦手な子どもたちも、驚くほどにスラスラ書いていく。

　私は「『板書見ながら』算数作文」の日は、わざと算数の授業の板書を荒っぽくしていた。いつもは友達の発言を吹き出しで書き込んだりもするが、この日は「発見した」「おもしろい」ということの最初の部分だけ書いて、あとはわざと書かない。板書にはこういう途中経過までの箇所が何か所もあることになる。

　こうしておくと、子どもたちの授業における参加度、その実態がよく見えるようになる。黒板をただ写すだけの子どもたちは作文に書くことが少なくなってしまう。逆に、ほとんど発言しなかったのに、的確にとらえている子どもがいることもわかる。

　その日の45分の授業に一人ひとりの子どもがどのように参加できたかをはかるために、目の前の板書を手掛かりに再現させるのが目的だから、自分の考えが書けなくてもいい。

子どもたちは、このあと授業のことを作文に書くとわかっていると、1時間目の算数の時間も、友達の発言を聞き逃さないぞ、と主体的に授業に参加するようになった。

　内容を書く場合も、大切なことはあえて黒板には書かないようにする。全部書く日でも、ときには1か所だけ間違いを入れてみる。2日目は2か所くらい間違えて子どもに修正させるなど変化させてみる。また次の日は半分しか書かない日、さらには前半を書いて後半を子どもに書かせる日、結論はあえて書かず、まとめはリード文だけ示しておいて、続きは子どもたちに書かせるなど、理解しているかを様々な手法を組み合わせて、子どもたちの理解度をチェックすることに取り組むのである。

　多くの先生方が取り入れている算数日記は、授業の最後に5分程度の時間を割き、ノートに感想を書かせるものがほとんどだろう。「今日、ぼくは、小数の勉強をしました。楽しかったです。またやりたいです」

　「○○を発見して楽しかったです」というおきまりのパターンのものが多く、内容を少し詳しく書く子もいるが、教師が黒板に書いたことをそのまま写していることが多くはないか。教科書に書かれていることや、一部の子どもにとっては実は授業前からすでに知っていることである場合も多く、はっきり言って時間の無駄と思えるものが少なくない。

　「本当に楽しかったのなら、楽しかったという言葉を使わないで書きましょう」とか、ちょっとレベルアップさせることで、子どもの本音を引き出すこともできるはず。社交辞令のようなまとめの文言だらけの算数日記ならいらない。

# 第2章

# 割合の授業の
# 具体から
# 子どもの困り方に向き合う
# 実現方法を探る

子どもはどうしてこんなに自然体に
なれるのか?
ユニバーサルデザイン研究会の授業を載録。
教師と子どもの真剣勝負の45分。

授業が始まる。
久しぶりの筑波の子どもたちとの授業。
実は、このクラスの$\frac{1}{3}$は低学年のときに
2年間担任していた子どもたち。
あどけないときの彼らの顔が重なって
しばし感慨にふける……。

# 5年割合
# 何倍かな

　今日は筑波大学附属小学校の国語科教諭 桂 聖先生率いるユニバーサルデザイン研究会での公開授業。

　私はこの会のメンバーではないが、後輩でもあり、同郷でもある彼の頼みであること、さらには自分のかつての教え子たちともう一度授業できるというチャンスにもなることもあって、喜んで引き受けた。

講堂のステージに彼らとともに上がる。

　わずか1年前までは当たり前のように過ごしていた場所なのに、ずいぶん懐かしく感じるものである。

　おっと郷愁に浸っている場合ではない。

　講堂には参加者が約1000人近く入っている。


　しかも$\frac{2}{3}$の子どもたちとは初めての出会い。中には緊張している子どももいるかもしれない。

　そこで、今の彼らの心の状態はどうなのかな、それをまずは確かめようと思って……。

　黒板に日付を11月23日と書く。

　実は、本当は今日は24日。

　私は飛び込み授業でも子どもたちを試すために、ときどきこんな意地悪をする。

　これで先生の書いた通りにノートに写すようならば、すでに


　自分で考える
　自分で確かめる

という心のスイッチが入っていないことになる。[→p11]

　このときはさすがに多くの子どもたちが「え？」という顔をした。しかも私が23日と書いているのに、最前列の子どもは堂々と24日と書いてニコニコしている。

　彼女は元の私のクラスの子どもだ。

（そんなのに、ひっかからないよ）という自慢げな顔。かつてのひろし先生とのリズムにすでにニコニコ。

　高学年の女の子なのに表情は低学年のときと同じようになった。

　でも他の子どもはどうか。中には不安そうにしている子もいる。

そこで、
「そうだよ。今、変だなと感じた人えらいよ。だって今日は23日じゃないもんね。今日は24日です」と告げるとやっと笑顔。

「この先生、ときどきこうして間違えるから、みんなしっかり教えてね」とつけ加えておく。

これで初対面の子どもも、少しは私に突っ込みやすくなっただろうか。

さて、続いて黒板に本日の課題をひとこと書く。

「何倍かな」

たった4文字だ。

これだけ書いて、私はすぐに1回目の机間巡視に入る。

ぼんやりしている子はいないか、持ち物に困っている子はいないか……。

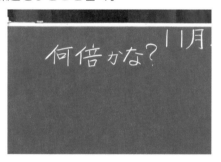

すると、やはりいた。ノートが一人だけ違った。

今日は授業の後半で方眼を使う場面がある。一人の子どもだけ方眼のないノートだったので、すぐに担任に合図して用意してもらう。こうしたこともあるので、できるだけ早い段階で子どもの座席の間に入ることが大切だと私はいつも思っている。

多くの先生たちは、問題把握を終え、自力解決といわれる時間に入るまで教卓のところから動かないことが多いと私は感じている。

私もいろいろな公開授業を見に行くことが多いけれど、下手をすると授業がはじまって20分ぐらい教卓のところから動かない方も

いる。いや最後まで教卓
のところから動かなかっ
た先生も見たことがあ
る。これでは子どもたち
の状態を肌で感じられな
くなってしまう。

　授業後半になって見えてくる子どもたちの差は、実は前半で少し
ずつ、つくられていっているものである。
　だから、もっと小刻みに子どもの中に入り、彼らの小さな困り方
を肌で感じることが必要だ。

**3** [→p13]

　さて、最初の問題はウォーミングアップ。
　私は下のような図を掲示して、

サイズはこうなっている

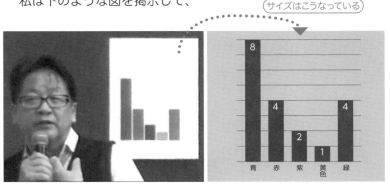

「赤は何倍？」と板書した。

　すると、子どもたちがすぐにざわつく。
「先生、それなんの？」
「それだけじゃあ、わかんないよ」などの声がする。
　先ほどの日付のときの仕掛けがきいていて、私に突っ込みやすく
なったのか、元の私のクラスではない子どもたちもニコニコして私
に突っ込んでくる。

この先生は、わざと不備なことをしたり、間違えて私たちに指摘
させようとしているんだとわかったからだろう。

　そこで、いくつかのつぶやきをとらえ、まずは数名を指名する。
　手を挙げている子ではない。私の方からつぶやきを聞き取ってお
いて指名するのである。

**5** [→ p28]

　まずは先ほどの最前列の女の子。
「それだとなにをもとにするのかがわからない」
　彼女からは「もとにする」という言葉が聞こえたから、そこを少
し強調しておく。

　この言葉を自然に使っているところがいい。
　続いて男の子。
「なんの何倍かわからない。それでは問題になっていない」
厳しい言葉。なんの？を示させないと「まだ問題になっていない」
という言葉が聞こえたから、この子を指名した。
　そして、この言葉をとらえて自然に切り返してみる。
「では、なんと比べるといいの
かなぁ」と。

　子どもとのやり取りの中で
自然に浮かぶ言葉で、次の課題
へ進めるといいと私はいつも

思っている。

　これが子どもとの対話の場面である。

　でも、このときは「なんと比べるといいのかなぁ」では、少し反応が弱かったので、すぐに「どれと比べると楽かな？」と発問を変えた。

「いいのかなぁ」では客観的な意見を求められているように感じてしまうだろうが、「楽かな？」ならば主観で答えてもいいと思うので発言しやすいと思ったからである。


　一般には、主発問は固定せよ、とよく言われる。

　ころころ変えると子どもの思考が混乱するからよくないと。

　だが別の視点で考えると、人は対話のときは相手の反応によって自分の表現を修正することを自然に行っているはず。したがって自分の問いかけで相手が戸惑っている、発問の内容が曖昧だなと思ったら、こわがらずに修正してみることもあっていい。

　先ほども述べたが、この場面はまだ主発問ではなく、ウォーミングアップの場面。私と初対面の子どもとの掛け合いのリズムをつくっている場面でもある。調整は必要だと考えた。

「どれと比べると楽だと思うか」という質問については座席の真ん中の列の子どもを順に列指名してみた。

　この段階も、まだ私は挙手している子には指名していない。

　普通、教師は無意識に挙手指名方式を使うが、手を挙げた子を指名するということは、その子たちだけが動いているかもしれないということと、反応した人だけが答えれば先に進むということを暗黙のうちに示していることになるから注意したい。

とくに私は授業の最初 10 分間は意識して
それを使わない。

1 [→ p9]

　もちろん日々の授業で毎回そうするということではなく、ときに
は自然に使うことはあっていいが、必ず全体が参加しなくてはなら
ないように別の指示をつけ加えたりして参加度を増やすことを心掛
けたいものである。


　このときも、私は列指名で数人に尋ねた後で、全体に聞いている。
授業前半の 10 分間は、先生は一部分の人とだけ進めるのではなく、
全員がちゃんと参加するのを待っているんだよ、という教師からの
子どもへの決意表明を連続して示す時間でもある。

2 [→ p11]

　逆に手を挙げていない
子がいるのに、手を挙げ
た子だけに指名して次に
進めることは、わかって
いない人がいても私は次
に進みますよと告げてい
ることになる、と考えた
ら気軽に使えなくなるだ
ろう。

　もちろん後半の展開部分からは仕方ない。難易度が上がるとどう
しても子どもたちの個人差は現れてしまう。だが前半にはできるだ
け誰もが参加できる問いを用意して、その差をなるべくためないよ
うにして後半につないでいきたいのである。
　最初の発問で手を挙げた子が指名され、その子が答えて次に進む
と、子どもの心の中に
「また今日もあの人に任せておけば安心」、「手さえ挙げなければ安
全」、「不安なときは目立たないようにしておこう」、こんな後ろ向

きの気持ちにスイッチを入れてしまうと、最初から子どもの能力と
は別の原因で差をつくってしまうことになりかねない。…………

1
[→ p9]

　さて、このときは、青と比べたいという子が一人。

　多くの子どもは、紫と緑を選んだ。

　そこで、まずは緑を選んだ子に「ど
うして緑にしたの」と尋ねる。

　緑を選んだ理由がいちばん答えやす
いだろうと思ったからである。

　すると、「同じ長さだから、１倍」と答えが返ってきた。


　挙手指名方式を使わないのならば、授業の最初はこのように、誰
でもその気になれば答えられるものを用意してあげる。

　もしも、このように明らかに子どもたちにとって抵抗のないはず
の課題なのに、子どもたちが反応しないようなら、すでに取り組み

の心のスイッチを切っている
のかもしれない。

　　普段から挙手指名方式だけ
に頼っている先生のクラスで
は、最初から参加するつもり
の子どもと、友達に任せて傍観しようとする子どもにはっきりと分
かれてしまっていることがある。

　ときどき、こうして単純で誰でも答えられるような問題を用いて、
子どもの様子を観察してみてほしい。動かないようなら日々の自分
の接し方を大いに反省することが必要である。


………＜閑話休題＞………

　さて、話が少しそれるが、この授業では、私は指名する際に
いつも「お名前は？」と子どもに尋ねている。しつこいぐらい、

最初の指名のときはそうしている。

それは$\frac{1}{3}$の子どもが元の私のクラスの子どもだからである。

これだけでは理由が伝わらないだろうなぁ（笑）。

低学年のときの私のクラスの子どもは久しぶりの再会にとても自慢げ。でも残りの子どもたちはアウェイなのである。

そこで、あえて、名前を知っている子どもたちも含めて全員に「お名前は？」と尋ねることにした。私は全員と初めての気持ちでやっているよ、平等だよという意思表示である。

これで$\frac{2}{3}$の子どもたちもニコニコ。もちろん元のクラスの子どもたちもノリがいいのでまるで初めてのように自己紹介してくれた。

子どもたちと45分を共に過ごすには、こうして子どもとの小さな関係づくりも意識する大人でありたいといつも思っている。

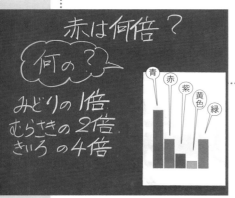

続いて紫の2倍、黄色の4倍について取り上げていく。いずれも感覚的にとらえていて正解である。

最後にたった一人しか選ばなかった「赤は青の何倍か」について。これは全員に尋ねる。

本時の課題にもつながる力を見る問題でもあるので、このときは、私は「ノートに書いてごらん」と告げて、今の子どもの実態を見ることにした。

ノートを見て回ると、ノートには3通りの答えがあった。
子どもたちにも告げると「え？　2通りならわかるけど」と言う。

では、その一つを書いてみるねと言って2倍と書く。
子どもたちからは「えー」という声と、うんうん、気持ちはわか

るという反応。

　そこで、「2倍って考えた人は、どう考えたのだと思う」と他の子どもたちに尋ねてみる。

　すると、「それは、青は赤の2倍って考えたんだと思う」という声。

　基準にするところが変わると、答えが変わってしまうということが、ここでもう一度確認できた。やはり「なんの」が大切なのである。

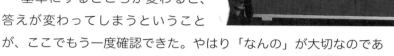

4 [→ p22]

他の2通りはなんだと思うかと尋ねると、

$\frac{1}{2}$倍、0.5倍

という声があった。ここで0.5倍だけではなく、$\frac{1}{2}$倍があったことがこの授業では大きい。後半に生きてくる。

　ちなみに、この授業と同じ目的の授業を私は3年前にも行って

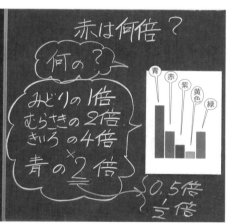

いる。そして、それは内田洋行からDVDになって発売されている。あのときは後半なかなか子どもたちの意見を集約させることができず苦労した。

　今回はそれをどのように改善していくか。私の再挑戦の時間である。

　前半のこの展開部分までは、DVDになって発売されているものと同じ展開にしている。

　さて、この日の授業では、ここからの展開を私は大きく変えている。それは、今回は問題をシンプルに提示したこと。前回は少しストーリー仕立てにしたので意図が伝わりにくい提示になってしまっていたことへの反省である。

だが、もっとも大きく違うのは、問題を2問用意して同時に見せたところである。

その問題とは、次の2問である。

(1) 青は赤の1.2倍 では赤は青の何倍？ （これは前回の問題と同じ）

(2) 青は赤の1.5倍 では赤は青の何倍？ （つけ加えた問題）

この2つを黒板に書いた。

子どもたちには問題文をノートに書くように指示したが、机間巡視すると、1問目をノートに書いて解こうとしてすでに困っている子がいた。

すぐに子どもたちに「問題文を先に書いてください」ともう一度つけ加える。

こうしたことにすぐに気がつくことができるという点でも、小刻みな机間巡視は大切である。ここでの意図は2つの問題を比較させ、どちらが自分でイメージしやすいかを考えさせることであり、1問ずつを解かせることがまだ目的ではないからである。

だから、1問目で止まってしまっては意味がない。

3

[→ p13]

実は、この1問目で戸惑わせたままになったのが前回の授業。課題が難しすぎたときに、子どもたちが拠り所にする「戻るところ」

を示せていなかった。

　今回はその拠り所として、最初のウォーミングアップの問題にも少し仕掛けをして関連させ、さらには子どもたちがイメージしやすいであろう 0.5 倍という数を使ってみた。


　ここで全員の動きをそろえるために、次のように指示をした。

　まず問題文を書くことだけに専念させるために「問題文を書き終わったら立ちなさい」と告げた。これで「まだ解けなくてもいいよ」ということが伝わる。

　全員が書き終わったのを確認して「では、今からこの２つを解いてもらいますが、順に解いてもいいですし、１番だけでもいい、２番だけでもいいよ」とつけ加えた。

　　もしも答えたあとで不安ならば、答えの後ろに？マークをつけておいてとも。


　　こうしていわゆる自分の立場をつくる時間をつくった。

　悩んでいる子、鉛筆が止まったままの子、自分の考えをどんどんノートに書く子といろいろだったが、やはりもう少し困っている子たちを安心させる

ことが必要だと思ったので、次のような発問をしてみた。

「ひろし先生は、この同じ問題を他の学校の子どもたちともしてみたんだけどね。その学校ではどんな答えが多かったと思う？　もしかしたら、その答えは間違っているかもしれないんだけど……。多くの子どもが答えた数字があるんだ」と。

**8** [→ p38]

　こうすると、子どもたちも話し合いのときに、自分を出さずにす

む。他の人になりかわって想像するのだから、気持ちが楽になる。
「隣同士で想像したことを話してごらん。でも今は
自分の持っている考えを言ってはだめだよ」………▶ **4** [→ p55]

　これで自分の不安な答えではなく、別の子どもが考えたことの予
想を書くという活動になる。
　実はこう告げたとたんに、ノートに数字を書く子が増えた。
　子どもたちの話題に上がったのは、1番は0.8倍で、2番は0.5
倍である。
　最初、そうかもしれないと思っていたけど、なんとなく違うだろ
うなぁと戸惑っていたらしいが、他人事でいいと言われたとたん安
心したのだと思われる。これが私の意図である。

　ここで、どうして、そんな数字が浮かんだんだろうねと尋ねてみ
た。
　すると、「2から1.2をひいて0.8」という説明。
　このときは、しまったと思った。その場で無意識に挙手した子を
指名してしまったからだ。この場面でもやはりちゃんとノートに理
由を書かせてからにすべきだったかもしれない。
　そうしないと、このようなわかりづらい説明に
最初から出会ってしまう。……………………………▶ **6** [→ p32]
　私としては、本時の中心課題に入ってからは、実はこうして指名

何倍かな？　11月24日(日).
(1)青は赤の1.2倍です。　(2)青は赤の1.5倍です。
では赤は青の何倍？　　　では赤は青の何倍？
　　　↓　　　　　　　　　　　　↓
　　0.8倍　　　　　　　　　　0.5倍

し、子どものわかりにくい説
明にとことんつきあうという
ことを心掛けているので、こ
れはこれでいいのだが、この
ときは少し勝手が違った。

　この子は最初のウォーミン
グアップ問題の2倍の2と
つないで説明してくれたので、私としてはちゃんと意味があるもの
だと、よい方にとらえて聞いていた。

　しかし、聞いていた子どもたちは、「今はそれは関係ない」とバッ
サリである。発言した子に尋ねると、「間違えた人の考えだから。
そこに出てきた数からひいたのかと思った」という。

　なるほど、それだと確かにつながりはない。

　こういうときは、大人は何とか意味があるようにとらえようとし
てしまうけれど、子どもたちの方が冷静でちゃんと
話題を元に戻してくれた。・・・・・・・・・・・・・・・・・・・・・・・・▶ 3 [→ p54]

　修正してくれた子は「1.2の0.2だけ増えたからそれをひいた」
とか「自分から0.2ひいた」と説明をつけ加えた。

　この子どもたちの説明のときに、それにあわせて私は用意してい
た図をさりげなく黒板に貼った。

　下のような1.2倍と0.8倍の図に何となく見えそうな図である。

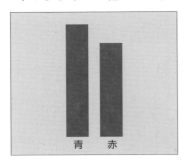

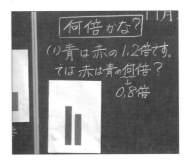

　ここで、混乱をおさめる
ために、隣同士でもう一度
聞き取ったことを確かめる
時間をとる。

　机間巡視していると「1.2と0.8　1.5と0.5で2がでたんじゃ
ないか」と寄り添ってくれた子どももいた。

　ここで、0.5倍の方も同様に説明してもらうと、子どもたちは
「(1)の問題と同じで……」と前置きして「1から0.5増えたので、
今度は0.5減って0.5」と説明をつけ加えてくれた。

　この「(1)の問題と同じで」と考えることが、実はここではと
ても重要なポイントになる。

　このあと、(2)の問題の答えがだめだとわかれば、同様に考え
ていた(1)も変だということにつながるからである。

　こうして、(1)は0.8倍、(2)は0.5倍という答えの数が出る
ことの理由を想像する活動を全員が聞き取る時間ができた。

　だが、先ほどの1.2倍と0.8倍のときは、さりげなく図を貼った
のに、1.5倍と0.5倍の方はあえて私は図を提示していない。

　これによって子どもが(2)も図を描いて話したくなると思った
からである。


　ここで私が「なるほど、2つとも説明に筋が通っていていいね。
ということは、この問題の答えはこれでいいのかな」と全員に持ち
掛ける。

　すると、多くの子ども
が「だめだ」という反応。

　これでようやく本時の
中心課題になる。

　おもしろいことに、子

どもたちの集団としての反応は「だめだ」というものだったのが、「どうして？」と尋ねると、挙手した子どもは5人だけ。

　このように、授業の後半になると、どうしても子どもたちの中に当然差はできてしまう。

　それがこうして挙手させることで見えてくる。この後半の挙手と前半の挙手はまったく意味が異なる。前半のは誰もが答えられることを聞いているのである。そのときに手が挙がらないことはそのままにしていてはいけない。

　もちろん後半もこのままこの5人に任せてしまっては、子どもたちに大切な課題に取り組ませていくことができないから、ここからは別の工夫が必要である。

　今回はそれが2つの問題を提示することだった。

2 [→ p45]

　子どもたちには、ここでもう一度今の自分の状態を確かめさせる。
「この答えはなんか変だなぁと感じている人??」
　すると、多くの子どもが挙手。
「どこが変なのか説明できる人？」
　すると、やはり5人だけ。

こういうときは、この状態に寄り添ってみる。

「そうだよね。なんか変だなぁと感じることはできても、説明はうまくできないということはあるもんね。よし、では今から、どうしてみんなはなんか変だなぁと感じているのか、そのなぞ解きをしていくよ。黒板の２つの問題を見てください。どちらの問題を使うと考えやすいかなぁ」

　すると、多くの子どもたちから「（2）のほうだとわかりやすいかも」というつぶやき。

　そこで、話題を２番目の

「青は赤の 1.5 倍、0.5 倍増えたから逆は 0.5 倍」ということについて、考えていくことになる。

「説明の筋は通っていると思うけど、だめなんだね。何が変なんだろうね」

　ここで一人ずつが自分なりの考えをつくる時間をもう一度とる。

　黒板は、先ほどの意図的な提示により、下のようになっている。

　左の関係のみ、図が見える。

　右の問題には同じ黒板の場所に空白がある。

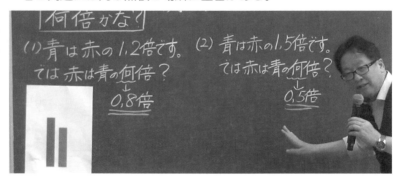

　これによって図を描いて確かめてみようという気持ちに自然になることを期待した。

　だが問題文に長さが指定されていないので、こういうときに、自

分で長さを適当に決めて確かめるということに慣れていないとなか
なか一歩前に進めない。

　一人ずつが考えている間に「そうか、最初にやった問題がやっぱ
り使える」と言い出した子もいた。

　黒板のいちばん左側には、実は
0.5倍の関係の図はあるのだ。

　これも私の仕掛けの一つ。どの
ぐらいの子どもたちの助けになっ
ているだろうか。

　だが、なんとなくまだ不安そうな子の顔がいくつも見られる。

　そこで、全員に今の自分の自信
の度合いを指で示してごらんと告
げた。

　自信の度合いによって1本から
5本までである。挙げた指の数が
変化する子もいる。やはり多くの
子が揺らいでいる。

　一人の子に指名すると、「た
とえばこんなときは……」と
考えて確かめてみればいいと
言い出した。……▶

②　[→ p45]

　ここでやっと子どもたちが、自分で長さを決めようとしはじめた。
私は
「そういえば、先生はまだ長さを言ってないものね。自分たちでた
とえばと決めていいんだったら、どうする？」と持ち掛けると、青
を15cmにすればいいという。

これにはたくさんの子どもがうなずいているが、念のため、ここでも全員の活動を促してみる。

「それなら赤は何 cm ですか。ノートにメモしてごらん」と。
　この問いに関しては、多くの子どもが抵抗なく 10cm と書いた。
　ここまで来たら、矛盾していることにすぐに気がつくかなと思ったのだけど、そう簡単には前進しない。
　別の説明方法を考えている子もいるようだ。
　そこで、Oくんを指名する。
「青か赤のどちらかを 1 にして図をかいてみればわかる」と言う。
　やっと、ここで図を描くことになった。

　指名すると、Oくんは黒板にフリーハンドで図を描いてくれた。

　ここまで描いたところで私はストップをかけた。
　そして、ここでもやはり全員に「彼が今からどんな図を描くかわかりますか」と尋ねている。
　このいちばん最後で全員が友達の話を聞き取るのに、こうして小刻みに参加させることで、全員に納得させたいと考えたからである。

　友達の描いた図の概形は見えている。

　あとはどのようにして正しい関係にするかだ。先ほど 15cm なら 10cm ということも見出している。さて、子どもたちのノートの図はどうなるだろうか。
　机間巡視すると、きちんと関係を描けている子と、そうでない子がいた。
　さすがに 10cm、15cm は大きすぎてそのサイズで描いている子

はいなかった。

　黒板のところに出てきた子が概形で描いたのを見て、自分のノートにもだいたいで描いている子がいる。

　子どもへの浸透度にはやはり差がある。

　このような場合、普通は発見した子が一人でとうとうと説明し、そのあとで教師が取り上げてもう一度説明しなおし、終わることが多いのではないか。

　でもその方法だと、この子どもたちの小さな差をみとることができない。

　ここでは、まだ踏み込んで図が描けていない子に焦点をあてて、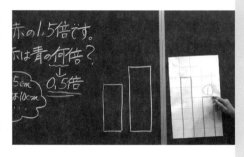「だいたいで描いている子、マス目を使って正確になるように描いてごらん」と指示をつけ加えた。

　子どもたちがノートに整理している間に、黒板のところのＯくんにも方眼用紙を渡して図を正確に描き換えるようにお願いする。

　実は、黒板の提示した用紙の方眼は、あえてマスを少なめにしておいた。

　つまり 10 マスと 15 マスの関係では描けないようにしておいたのである。

　すると、Ｏくんは４マスと６マスを使って図をしあげてくれた。

　座席にいる全員のノートを確かめたあとで、Ｏくん

にできあがった図についての説明を求める。すると、
「赤を1とすると、青は1.5倍だから、1.5でしょ」と言う。

　ここでも、しつこくストップをかける。・・・・・・・・・・・・・・・→ 2 [→ p45]

「あれは本当に1.5倍になっていますか？」
　ノートに描く場合は、苦手な子どもならば10cmと15cmで描くことも不可能ではない。でも多くの子どもは関係だけを生かして大きさを調整して描いている。

　こうしていろいろな数値の組み合わせがあるけれど、どれも1.5倍だということを体験することが割合の学習ではとても大切な体験になる。
　子どもたちには、ここで隣同士でお互いのノートの図が1.5倍の関係になっていることを説明しあってもらった。・・・・・・→ 3 [→ p54]

　再び、黒板のところのOくんにマイクを戻す。
　先にも述べたが、彼は赤を4マス、青を6マスにして描いている。
　この図を見て、1.5倍というのはどうしてわかるのと尋ねると、赤の図の半分のところに彼は線を引いてくれた。

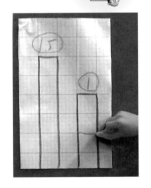

　彼の説明の一つずつの行為にとても意味がある。

　悪いと思ったが、ここでも彼を止める。
　そして、聞き手の一人の女の子を指名する。すると、
「1.5倍は1と半分だから、赤の半分だけ増やせばいいから」と説明し

てくれた。

　ここで、他の子どもたちにも「彼と同じ線を自分のノートにもいれてごらん」と指示する。

　これで、ようやく発表者と同じ体験を全員がノートでしたことになる。

　この間も私は何度も一人ずつの子どものノートを見て回っている。

　後半は子どもたちの能力によって必ず差が生まれると冒頭で述べた。だからこそ、この最後の場面は、丁寧に対応していくことが必要だと思ったからである。

　ここまでやったあとで、私はOくんにようやく「よし、ここから先は君に任せる」と告げて発言を続けさせている。

　彼はにっこりと笑って生き生きと説明をしてくれた。

　聞いている子どもたちも最初のときと比べると安心して聞いている。

　一人の発言者に最後まで説明させずに途中で区切るという方法は、私が提案した方法である。最初、私が同僚の前でやってみせたとき、説明する子が満足しないのではないかと先輩たちもみんな否定的だった。

　しかし、なぜか私の授業では、説明役がイライラしていないのを見て不思議だと先輩も言う。いつしか、大先輩が私と同じ手法を多

用するようになった。

　後輩の中には、自分がやると発言者にフラストレーションがたまるようなので、自分はその方法は使えないと言っていた人もいる。

　確かに、途中で何度も止められるとイライラするのが普通だと思う。

　このときもOくんは、よくぞ我慢してくれたと思う。実はこのOくん、私の低学年のときのクラスの子どもだった。だから、彼とは関係ができているので、ここまで介入した。

　私のクラスの子どもたちにとっては、発言の途中に私から止められるのは名誉なことだという暗黙の了解がある。それはことあるごとに、「みんなにもあなたが見つけた感動を味わわせてあげたいと思わない？」とか「君がすっきりした納得をみんなにも分けてあげたいと思わないか」と、なぜ止めるのかを伝え続けてきたからである。

　私の真似をして、子どもたちにストップをかけている授業者を実はたくさん見るのだけど、よく見てみると、みんな大人が勝手に止めるだけで、その発言している子どもの立場をほめてあげるとか、なぜそうするのかを伝えているのを見たことがあまりない。

　これでは最初に発見した子どもがかわいそうである。

　オリジナリティを大切にするのは、相手が子どもでも尊重してあげなければならないと私は思う。

　それが伝わっていれば、待っている子どもがニコニコ笑顔になる。このときもOくんはずっと笑顔だった。・・・・・・・・・・・・・▶ 2 [→ p45]

ここまでやって、やっと全員が図を描けたことが確認できた。

　ここで、彼らに

「では、赤は青の何倍といえばいいんだろうね」

と問題の答え方について尋ねてみる。

　最初多くの子どもが困っていたが、一人の子どもの小さなつぶやきで、途端にみんなに別の発想の表現方法が広がっていった。

　そんな中で、いちばん後ろのWさんが勇気を持って困っていると手を挙げた。

「あのー、私は0.5倍ではないことはわかるんだけど……」

　素晴らしいではない

か。多くの友達が表現できると言っているのに、自分だけ思いつかない、そのまま計算したらわり切れないし……と感じている。

　座席が前の子どもたちには、一人の子どもの「分数」というつぶやきが聞こえた。

　おもしろいことに、このときは逆転現象が起きていた。表現方法の切り替えで分数にすればいいことに気がついた子たちの中には、実はいつもは算数があまり得意ではない子がいた。逆に困っていると勇気を持って手を挙げた子は、いつもは発見をたくさんして算数では活躍するタイプだった。

　本当ならば、こういうときは、最後に困っていた子を指名して、説明させてあげたいところだが、今回はそうしなかったのはこうした子どもの関係にある。

　子どもたちと授業をしていると、日々、こうしたことすべてに気

を配りながら接していくことが大切になるのである。

　こうして、図から、3つのものが2つに変化することを$\frac{2}{3}$倍と表現すればいいことが、子どもによって発見された。


　時間があれば、
　青は赤の1.5倍　→　赤は青の$\frac{2}{3}$倍
　同じ関係でも「なんの」を変えると、まったく違う表現になるんだね、と揺さぶってみたかった。
　すると、1.5倍を$\frac{3}{2}$倍と変化させればおもしろいことに、きっとこの子どもたちならば気がついただろう。

　こうして、分数で割合を表現すれば、その関係は基準を変えても簡単に表現できることが子どもたちに伝わると思う。


　6年生で逆数の学習をするときにも、ぜひもう一度話題にしたい。子どもたちに分数のよさが実感できる授業がつくれると考える。

# 第3章

## イメージできるのに
## しない子どもたち
## 形式化を急がせすぎた
## 算数教育の反省

１年生の算数の教科書をあけてみる。

　数の学習のあとに足し算、引き算の学習がある。

　この単元の目的は何だろうか。


　足し算や引き算の計算の技能をつけることか。

　それとも足し算、引き算の式という算数世界にある新しい表現について学ぶことか。

　前者は計算技能の育成、後者は表現力の育成が目的である。


　この２つの目的がどちらも大切だということは読者の先生方にも異論がないと思われるが、果たしてその価値観はどちらが大きいのだろう。どちらに時間を多く割いてきただろう。

　これだけ世の中が変わったのに、算数の世界の価値観は相変わらず計算力の方にないか。速く、正確にという価値観は、指導者の大人が計算力重視の世界にどっぷりつかっていたことによって、疑われることなく継続されている。

　よく考えたら学校のテスト以外では使わないのに。


　こうした価値観のバランスの悪さにより、「計算力育成」と「表現力育成」が共に学習計画には存在していても、結果的には表現力としての教育はあっさりと終わり、あとはひたすら計算練習に没入するという現実が、子どもの価値観形成にもつながっている。


　もう一度問う。

　今の時代に、計算力育成にどれほど価値があるのか。

　今週、皆さんは自分の計算力をどれほど生活の中で使っただろうか。生活の中ではほとんど使わない計算力について、算数がこれほどたくさんの時間を費やすことには、いったいどんな目的があるのだろうか。今、真剣に考え直してみたい。

「せめて計算力ぐらいはつけたい」と、かつてはよく言われたものだが、それは、今の時代も本当なのだろうか。

　古くから読み・書き・そろばんの３つは、基礎的な力の典型のように並び称されてきた。その１つとしての計算力だが、他の２つと比較するとその価値については立ち止まって吟味が必要な時代になっていると私は考えている。

　断っておくが、生活の中で使わないのならいらないということを言っているわけではない。

　それなら分数の学びもいらなくなってしまう。

　分数には小数圏で生活している子どもの思考世界を広げる大切な役割があると私は思っているので、分数を学びの対象から外そうとは思わない。

　このようにそれぞれの学習内容に触れさせることに、どんな意味があるのかを大人が認識しているのならよいと思う。

　でも不思議なことに、計算力育成についての目的意識は繰り返し問い直されてきて、たとえばある時期は教科書に電卓マークまで登場し、もう人間が計算しなくてもいいと一度は取り組んだはずなのに、またいつの間にかもとに戻っている。

　そもそも計算の結果を速く正確に求めるという行為の目的には、人間の能力育成という視点に立ったとき、どんな必要性があるのだろうか。

　たとえば、「一定のアルゴリズムに従って物事を処理していく能力を付けるために必要である」などの価値が整理されたとしよう。

　そのためのシミュレーションとしての計算場面の活用……とされるなら、学校教育における取り組み方も変わってくる。

　でももしも、今ここで仮に述べたような価値だけだったら、あれほどたくさんの時間を費やす必要はもうないだろう。

　一冊丸ごとの計算で埋め尽くされた計算ドリルなんて必要ないことになる。

　それよりは、出会う数値によって計算のしかたを工夫するような

思考方法としての時間を増やす方が子どもの将来のためになるし、何より楽しめると思うがどうだろう。

　いずれにせよ

　算数＝速く正確に行う計算力の育成

　という価値観との決別を、私たちはそろそろ意識した方がよい時代だと考えるのである。もちろん、この議論は将来のカリキュラムづくりを見据えたときのものであり、今すぐになくすということではない。入試の制度など、社会のシステムが変わらないと子どもたちが困るので、当面は計算力育成には取り組まざるを得ないことは前提の上である。

　この計算力が大切だという価値観によって引き起こされる負の現象として「計算のしかたについて考える」という授業には、次のようなこともよく問題点として取り上げられている。

　たとえば、２けた×１けたの計算のしかたを考えるというような場面。

　子どもたちが懸命にアイデアを駆使し既習の九九に分割したりして楽しく考えたのに、最後には筆算の形式が出てきて「なんだ結局この方法さえ知っていればよかったのか」

と子どもががっかりしてしまう場面がそれである。

　これが繰り返されると次第に子どもたちのアイデアが狭まってきて、上の学年になると多様な思考方法が出なくなるという現場の教師の嘆きをよく聞く。

　これは古くから何度も指摘されている問題点なのに改善されていない。

　最初はいろいろなアイデアを楽しく考

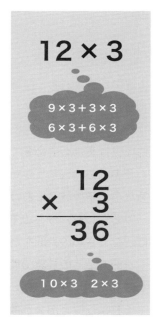

えていた子どもたちを、単元が進み学年も上がるにつれて、公式や形式を先に知っておけばいいという価値観にしてしまっているのは、私たち大人の乏しい価値観のせいである。

　ここでも、技能としての計算力育成と「計算について考える」という思考力育成の2つの目的が共に存在しているのだが、先生たちが大切にしているはずの思考力の育成の場面においてでさえも、計算技能の定着の価値観に負けてしまっている厳しい現実が見えている。

　表現力の育成も、思考力の育成も、ともに計算の一般化の価値観に負けているという現実が、「変わらない」算数教育の現実を証明している。

　こうして、形式さえ早く知っていればほめてもらえる、算数が得意になったような気になる価値観が子どもを取り巻く大人、親も含め指導者の価値観にも浸透してしまっていることが、子どもたちの算数への取り組みを乏しいものにしていると私は考えている。

　実は筆算などの形式は、長い年月の間に、より合理的なものに変化して使われている。
　だから考える力を育てる授業と、スキルを育てる授業をするときでは、指導者の意識の切り替えが必要になる。
　断っておくが、筆算につながるアイデアだけが優秀なわけではない。「いつでも使える」という一般化の点においてよいだけである。だがその方法をよく見つめなおしてみると、矛盾があることにも気がつくはずだ。
　先にも述べたように一般化された筆算などの形式は長い年月を経て、合理化された方法が文化の伝承として残っていることが多いからである。ときとして問題場面の意味とは異なる方法で使われているものも少なくない。

たとえば、先ほどの２けた×１けたの筆算のときも、実際に計算するときは下のように逆に唱えていたりする。

　一つ分×いくつ分の意味の指導に取り組んだあとなのに、計算になると、あっさり次のようにして使わせている。

　34 × 2　二四が八、二三が六

　子どもたちも初めてこの形式を学んだときに、どうして逆なんだろうと一度は必ず思ったことがあるはずである。

二四が八、二三が六

　ここには計算するときに同じ九九を使えばすむという合理的な計算処理という点での先人の知恵が使われている。問題の場面がもっている意味とは異なり、処理の便利さを求めている。

　「12 mのロープを３人で同じ長さになるように分けます。１人分は何mですか」という割り算の場面でも同様にある。

　よく読むと、等分除の問題場面のはずなのに、筆算のときは12の中に３が何回とれるかと包含除の考え方で商をさがしていることに気がつくだろうか。

12 の中に 3 は…

　ここにも子どもがイメージしやすいもので説明するという先人の工夫がある。

　だが、こうした場面に出会ったときに、問題場面のイメージと異なる考え方で計算のしかたを考えていることに違和感を感じている

子どもも最初は少なからずいたはずである。

　問題場面についてイメージ化すること、イメージ化できたものをそのあと処理するときは、便利さや楽であること、速さなど、そのときどきで求めていることによって処理のされ方が変わっていることを一度指導者も整理しておくとよい。

　こうして、筆算などの形式は方法を一般化するということだけはいいけれど、それが「優れている」ということと同値ではないことは、意識して伝えておけば、計算のしかたを考える授業がおざなりにされることはなくなる。

　これは私が提案した高学年の４マス関係表のところでも同様に話題になるのだが、場面の把握と処理のための手立ては切り離して考えていくこともあることを理解させておくと子どもの混乱も少なくなる。

　この区別によって、結果を求めることと、アイデアを練ることが同等の価値に見えてくるようになれば少し前進である。

　ちなみに、私が監修している学校図書の教科書では、「計算について考える」というページと「計算技能を身に着ける」というページをあえて離して設定してある。

　これは十年以上も前から取り組み続けていることだが、なかなかその価値は伝わっていない。

　ここであらためて上記のことを強調しておきたい。


　さて、こうして考えていくと、算数の研究会などに行くと教室によく掲示されているあの「はかせどん」なんて言葉も曲者だとわかるだろうか。


　　は・・速く　　か・・簡単に　　せ・・正確に
　　どん・・どんなときでも


　そもそも、どんなときにも使えるということのよさは、何度も同

じことをするようなときに話題になることであって、たた一問を解く場面においては、子どもにとってのよさの実感はそこにはない。

それなのに研究授業などでは、この「どんなときでも」使えることが最後に教師から押し付けられていることが多い。

200 ÷ 0.25 の計算のアイデアを尋ねられたのに、他のときにも使えるかと、あとから課題を付け加えるのは子どもにとってはルール違反だろう。

もしも、それを意図するなら最初から複数題みせておけばいい。すると、自然に子どもの問題意識に「次も使えるかな」という視点があがるだろう。

つまり、どんな価値観を子どもに培いたいかで、問題提示のしかたも微妙に変わってくるということである。

そしてその微妙さをきちんと意識することこそが、子どもたちのこれからの取り組みに活きてくる大切な芽を育てることにつながっていると考えたら、問題提示の工夫、そしてその微妙な違いを考えることを、おろそかにできないとわかるだろう。

もちろん、こうした学習を繰り返していく中で、次第にたった一問の問題をみたときの解き方が他のときにも使えるかなと考えていくようになることには意味がある。だが、それも子どもたちの意識の中から芽生えたあとで価値づけるものであり、大人が最初から押し付けるものではない。教室掲示の「はかせどん」が子どもから出てきたクラスの算数の財産として次第に出来上がっていくのなら意味がある。4月の最初から掲示されているクラスは、算数の指導の意味が分かっていない方であると言わざるを得ない。

大切なことなのでもう一度繰り返しておく。

計算のしかたを考える授業で、様々なアイデアを出しておいて、そのあとで筆算などの形式を教えるときに、その中の一つの思考のアイデアとつないでみせて、その方法がいちばんよいと価値づけて

しまう場面を無神経に繰り返さないこと。

　上の学年に行くほど子どもたちがアイデアを出さなくなっているのは前記のようなことを繰り返したせい。反省しよう。


　一般化された筆算などの形式につながるアイデアを子どもたちに感得させるには、特殊化の場面での解決方法と比較するという体験が実は必要である。

　高学年の学習へのつながりも見ておいた方がよいので、さきほど示した小数の割り算の例で少し先までを概観してみる。

　たとえば 200 ÷ 0.25 などの計算は、それぞれの数を 100 倍する筆算のアイデアよりも 4 倍ずつにして 800 ÷ 1 に変身する方が計算は楽になる。これを見たときに大人も子どもも誰かに伝えたくなる。この感覚がまず大切なところである。

　もちろん、この方法は「それは 0.25 のときだからだ。他の数ではだめである」と否定されることが多い。

　でも、そうではなくて数によってアイデアを使い分けるというように考えさせてみる題材とすればいい。

　このときに育つのは「いつでも使える」とは逆の価値観で「この数のときは使える」という見方・考え方である。

　すると、子どもたちは 0.5 や 0.2、さらには 0.125 で割るようなときにも使えるというように活用できる範囲を広げていくことが期待できる。

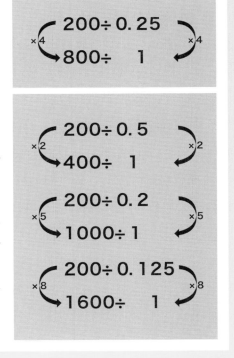

だが、それでも小数のときはこのように限られてしまう。

　よいアイデアなのに、いつも使えるわけではないということはこうして子どもの実感に残る。この体験が土台にあると、「いつでも使える」ことのよさが子どもたちに実感できる。

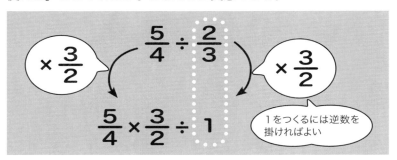

　これが分数の割り算の学習のところで登場するわけだ。

　分数のときは、逆数を掛けることでいつも１がつくれることの喜びはさきほどの小数の計算のときの「いいアイデアなのに特別な数のときしか使えない」という悔しさの上でこそ実感できるものになるのである。

　これなら「いつでも使える」という視点が子どもの方から提案されることにつながるから、大人が押し付けている「はかせどん」とは大きく異なる価値観が育成できる。


　分数の割り算の学びは実はこんな感動的な場面がつくれる素晴らしい場面なのである。

　単にひっくり返して計算練習に走ることがどれだけもったいないかわかるだろうか。そのあとの形式を単調に使う活動にどれだけ価値があるのか私にはわからない。

　冒頭から繰り返し触れているが、計算力育成についても形式を早く知って適応していく活動にしても、あまり頭を使わなくて済む単調な繰り返しである。それにたくさんの時間をかけている現実をみると、日本の算数教育は時間をたくさん使う場面を間違えているように思うがいかがか。

## 足し算の式を「算数の言葉」を学ぶ時間と考える

　こうして計算力の方に傾倒している価値観を変えるには、足し算の式に出合わせるときに、次のように表現としての役割の方にだけ重点を置き直してみる時間をもっと増やしたらどうだろうかと私は考えている。

　**きんぎょをすいそうにいれます。**
　**ひろしくんは３びき、しおりさんは２ひきいれました。**
　**すいそうのなかは、あわせて５ひきになりました。**

　これを算数の言葉でかくと３＋２＝５とかきます。
　これで表現の役割だけに絞れた。実は教科書でも最初はこのように教えているページがあるはず。
　もう答えは示してある。
　「きんぎょはあわせてなんびきになりましたか」と結論を尋ねるから、子どもたちの意識が答えの方だけに行ってしまうのである。
　そもそも等号の右に来るものを答えと言っていること自体に課題があるのかもしれない。
　計算の結果を求める学習をここでは展開しないで、表現方法だけに絞ってみたら、きっと意識も変わる。
　各場面ではあわせていくつになったかまで最初は文章で示す。
　それを算数の言葉、式で表現し直すという活動だけにする。

　こうした問題場面で、「あわせてなんびきになったでしょう」という問いかけをしたくなる理由は何か。
　それが生活の中から算数の問題をつくりあげるという課題づくりについても大切な力として日本のカリキュラムが目指しているから

である。

　表現力としての式の役割、計算をするという技能、生活の中から課題をつくり出す力、これらを同時に展開しようとしたのだが、結局は計算力にこそ価値があると思っている方たちによって時間の使われ方が変わってしまい、表現力も生活の中から課題をつくるということも扱いが乏しいままになってしまっていることにつながっている。


　あわせてなんびきかと問われたら、子どもは結論の方にだけに目が向く。文章で示された問題文をしっかりと読み取る必要もこの段階ではない。そしてそれが計算して答えを出すということと一致しているから、ますます計算することの方に価値観を見出すことにつながっていく。

　確かに「問題化」にする力も大切だが、ここではまずは、新しい表現方法を学ぶということに特化してみることで価値観の逆転をはかることから取り組んでみる。

　すると、結論ではなく過程に目が行くようになるのではないか。

　私が文章題カルタを開発したのも目的は同じである。

　文章をしっかりと読み取らせたければ、文章を読み取ったかどうかがわかる活動を仕掛ければいい。

　それが文章であらわされたものと絵を比べて同じものを取るという活動のカルタだった。

　式でも同じことができる。文章で答えのところまであらわされたカルタをつくり、それを読んで式を取るという活動をすればよい。「あわせていくつでしょう」という問いかけをするのは、表現方法としての学びが終わってからにする。

　式を読んで文章を取る、式を読んで絵を取るという活動にも価値があることがわかったあとで、計算について考える時間をとる。

算数の言葉としての式の伝達とするならば、計算をするわけでは
ないから、実は足し算や引き算、掛け算、割り算なども同時に扱う
ことができる。


　　2 こと 3 こをあわせると 5 こになります。➡ 2+3=5
　　5 こから 3 ことるとのこりは 2 こになります。➡ 5-3=2
　　5 こずつが 2 くみあると 10 こになります。➡ 5×2=10
　　10 こを 2 こずつにわけると 5 くみになります。➡ 10÷2=5


　これらを同時に示してカルタのようにして取り合う活動をすれ
ば、1 年生、2 年生で記号化の約束をどう理解し読解するかという
力の育成をしていくことができる。
　四則を併進して学ばせようとした時代があるように、こうした表
現方法の使い分けは異なる約束の記号が存在していないと区別する
必要がないから、種類の異なる演算記号が出てくるように計画を組
み直すことが必要になる。
　だが、おそらく一つずつ計算のしかたまで知らないと使いたくな
いと思っている方にはアレルギーのあるところだろう。でも、せめ
て足し算と引き算ぐらいは同時に扱ってみるぐらいはできるだろ
う。
　計算ができなくても表現に置き換えることはできるので、これな
ら掛け算のときにも九九を覚えていなくても、下のように九九を超
える場面の表現を学ばせることがいくらでもできる。
　　1 クラス 30 人のクラスが 4 クラスで 120 人　→　30 × 4 =120
　実は、今の教科書も学習指導要領もこうした表現の指導をするこ
とはちゃんと意識されてつくられてはいるが、なかなかその目的は
届いていないようで、やはりこうした扱いはさっさと終わって、そ
こから計算の訓練に入ることを急いでいるというのが現実である。

## 形式を使わなくてもできることを
## 実感させる授業を意図的に設定する

### 4枚のカードで分数の大小比較

　2，3，4，5の4枚の数字カードを使った分数の学習展開を紹介しよう。この4枚のカードでつくった分数は通分などをしなくてもすべて大小の判定ができるようになっている。これはすでにいろいろなところで紹介し多くの方が追試してくださっているが、25年前につくった私のオリジナル教材の一つである。

　それでは詳しく説明してみる。

　使用するのは2,3,4,5の4枚の数字を書いたカード。

　この中から2枚を取り出して下のように分数をつくり、どちらの分数が大きいかを競い合うゲーム。異分母分数の大小比較の学習の前、4年生で仮分数や真分数の学習が終わったくらいの子どもを対象にした授業である。

　4枚のカードをシャッフルして裏向きに並べる。子どもに1枚選ばせ、ひいたカードを子どもの方の分母に置く。

　次に教師がひいて同じように分母のところに置く。

　同様に分子のカードもとって、それぞれのところに置く。

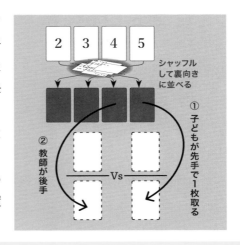

このあとカードをあけて勝敗を見る。

こういった偶然性の高いゲームは、子どもも喜び、集中する。

　伏せたカードを開ける前に、ひいたＡくんに「どのカードから開けたい？」と尋ね、「分母から開けたい」と返ってきたら、ここで「Ａくんはどうして分母から開けたいと思ったのでしょうね」と問いかけ、どんなことを期待しているかを考えさせながら進める。

　子どもたちがイメージを持ったところで、Ａくんの分母を開けると「２」。すると１枚開けただけで、「おー」という声が出る。「まだ何もわからないでしょ？　１枚開けただけなのだから」と言うと「いや、そんなことはない！」と子どもたちが語り出す。「だって、２がいちばん小さいでしょ。分母に２がきたってことは、先生のほうに２より大きい数がいっているから、勝てるはず！」

　そんなやり取りをしてから、教師側の分母を開けると「５」。この２枚しか開けていない時点で「これで、残りは３か４だから、３がきても４がきても勝てる」ということを、子どもたちに語らせればいい。

　算数の授業で大事にしたいことの一つに、こうして場面を整理整頓して相手に状況を伝える力がある。

「３か４しか残っていないから、３がきても、４がきても先生に勝つよ！」という発言を聞いたら、「この子がいい説明のしかたをしたよ」とほめる。はじめはわからなくても、「もしも３が出たとき…」と言って整理すると、気づく子が増えていくはず。

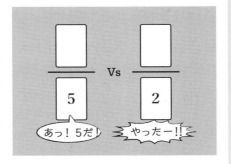

子ども側　　このあと何が出てきても必ず1よりも大きい分数
　　教師側　　　このあと何が出てきても必ず1よりも小さい分数
　実はこの数字カードには、教師にだけわかるように隅に印をつけ
てある。
　はじめに4枚を伏せるとき、相手が2か5をひきやすいように配
慮して配置し、子どもが2を取ったら教師は5を選ぶ。すると、子
どもの分数は$\frac{3}{2}$か$\frac{4}{2}$となり、教師の分数は$\frac{4}{5}$または$\frac{3}{5}$となって、
上記のように必ず仮分数と真分数に分かれる。
　もしも先手の子どもが3を取ったら教師は4を取る。この場合は、
子どもが$\frac{2}{3}$なら教師は$\frac{5}{4}$、子どもが$\frac{5}{3}$なら教師は$\frac{2}{4}$。
　この場合も仮分数と真分数に分かれるので、簡単に大小判定がで
きる。
　子どもが3を取ったとき、教師が2を取ってしまった場合はど
うなるだろうか。子どもが$\frac{4}{3}$なら教師は$\frac{5}{2}$、子どもが$\frac{5}{3}$なら教師は
$\frac{4}{2}$。
　今度は、どちらも1よりも大きい分数になってしまった。子ど
もはどのようにして判定するだろう。
　よくみると、今度は2と比較すればいいことがわかる。$\frac{4}{3}$は2
より小さくて、$\frac{5}{2}$は2より大きい。$\frac{5}{3}$は2より小さくて、$\frac{4}{2}$は2。
　もっとも大きさのイメージしやすい1や2という整数と比べる
というアイデアが自然に出てくる。
　こうしてわかりやすい整数と比較するというアイデアを使うこと
で異分母分数の場合も大小を比較することはできることを味わうと
子どもの価値観も変わる。

　　すると、次のようなときに新たな課題が出てくる。
　　子ども　$\frac{2}{3}$　　教師　$\frac{4}{5}$
　　子ども　$\frac{3}{2}$　　教師　$\frac{5}{4}$
　どうだろう。今度はいずれも1よりも小さいもの同士、大きいも
の同士という組み合わせになってしまった。今度こそ通分が必要か。

実はそうではない。

先ほどまで出てきた大きさのイメージしやすい 1 と比較するだけでいい。すると $\frac{2}{3}$ は 1 まであと $\frac{1}{3}$　$\frac{4}{5}$ は 1 まであと $\frac{1}{5}$ であることがわかる。

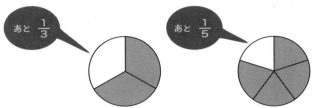

すると、この $\frac{1}{3}$ と $\frac{1}{5}$ を比べることさえできれば判定できることがわかる。先ほどまでと異なり処理が二段階必要だが、それでもアイデアを用いると通分しなくて判定できた。

子どもたちにとっては、こうした思考のアイデアで物事を解決できる方が小気味いいようで、このあといろいろな数字カードを用いた場合でどこまで使えるか楽しんでいた。

子どもたちの状態によっては、1 よりも両方大きい $\frac{3}{2}$ と $\frac{5}{4}$ を比べる場合を先に取り上げた方がよい場合もある。

1 よりもどれだけ大きいかを考えるのは仮分数や帯分数の学習と直接つながることと、1 よりも大きい数の大小を比べればそれが結果と一致するということで判定がしやすいからである。

さきほどの $\frac{2}{3}$ と $\frac{4}{5}$ の場合は 1 にあとどれだけかを比べるので、大きさの小さい方が大きいという逆の判定をする力も求められるからかなり高度である。

図を使って説明する力を育てたいと思うなら、こちらの場面がよい題材になる。

少し下の学年の場合には、1，2，3，4 の数字カードを使い、2 枚取って大きい方を分母、小さい方を分子と決めてしまえば真分数しか出てこないので、十分に大小比較が可能になる。

子どもたちの実態に合わせて楽しんでみていただきたい。

次のようにイメージそのものを育てる活動も体験させたい

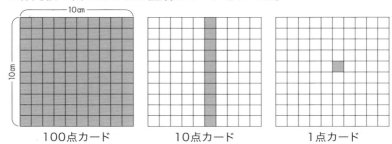

> **遊びの中で直接イメージ力を育てる数の学び**

## 実物大数カードで3けたのしくみを理解

工作用紙で次のような3種類のカードをつくる。

100点カード　　　10点カード　　　1点カード

〈100点カード〉

　10cm×10cmの工作用紙のマス100個に色を塗ったもの。

〈10点カード〉

　10cm×10cmの工作用紙のマスの中の1列つまり10個だけに色を塗ったもの。

〈1点カード〉

　10cm×10cmの工作用紙のマスの中の1個だけに色を塗ったもの。


　私は子どもたちが遊びやすいように、それぞれを2枚ずつ、計6枚つくらせてみた。

　100マスを塗るときには、じゃんけんで勝ったら1マス塗るといったことを繰り返して、このカードの中の色を塗った部分が何個あるかを友達同士で数え合うといった陣取りゲームをしながらつくらせてもいい。このときの目的は、100という数の量感を持たせること。ゲームでなくてもいいので、一度は1マスずつしっかり塗らせて、多くて大変だなと感じさせておきたい。

さて、6枚のカードが準備できたら、まずは4人1組で「ドボンゲーム」。一人が6枚ずつカードを持っている。

　100点カードが2枚、10点カードが2枚、1点カードが2枚。4人だと、全部で24枚のカードになる。

　これを裏にして並べてよくまぜて一人が4枚取る。

　ドボンになる数をたとえば220と決める。これを超えたらアウトというルールで遊ぶ。

　これだけだが、結構スリルがあって子どもたちは喜ぶ。

　もちろんカードすべてを使ってやるゲームにしてもいい。

　子どもたちにルールを変えてもいいことを告げておくと、次のような改良も行われる。

「ドボンの数より小さい数のときに、ストップをかけることができるようにしよう」

　こうするとドボンの数より小さい数でいちばん近い人が勝ちというルールになる。もちろん、どの場合もピタリ賞がいちばん強い。

　トランプのババ抜きの要領で互いにカードを取り合うゲームも盛り上がる。

　ただしババ抜きのように同じカードを取ったときに捨てるのではなく、常に手持ちのカードは6枚になるようにする。

　先生がストップをかけたときに、手持ちのカードの合計がいちばん大きい人が勝ち。

　自然に同じ位ごとに集計するようになるからこれは3けたの数の学習そのものになる。

　これも、子どもたちは遊んでいるうちに、さらにルールを改良する。

　目的にする数をたとえば212というように決めて、それにいちばん近い人が勝ちというように。先ほどのドボンゲームの約束をババ抜きに活用しながら遊ぶのである。

さらに、青で塗ったカードをつけ加えて、マイナスカードをつくり、それを取ったら全体から得点をひくというルールにするなど、子どもたちはどんどん遊びを進化させていく。

　数カードが視覚的に量感のはっきりしたものでつくられているので、３けたの数のイメージがとらえやすい。

　やっていることは大きな数の構成の学習であるけれど、実際には３けたの数の加減もやっていることになる。

　目的の数まであといくつかと考えることや、オーバーしないようにするには、今ストップしたほうがいいか、続けた方がいいかを考える。つまりゲーム自体が、数のイメージ化と計算の学習になっている。


　そしてもっといいのは、このカードの 100 点カードを 1 とすれば、小数の学習でも使うことができる。

　すると 10 点カードは 0.1、1 点カードは 0.01 ということになる。

　1 は「0.01 が 100 個分」と見ることは、このような視覚的な教材を通すことで理解が容易になる。

　なにより小数も整数と同じ仕組みであることが見えてくる。


　この授業の最後は、これら６枚のカードで立方体をつくり、大きな数や小数の学習で使うことのできる「実物大数サイコロ」にして遊ばせてみた。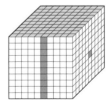

　３年生では、このようにしてつくったこのサイコロが実は 1 L であることもつけ加えておくといい。


　数や量の感覚は、手を使い、ものをつくり、こうして繰り返し体験していくことで身についていく。

　算数の学習がいつも問題解決である必要はない。

　話し合いばかりしなくてもいい。

ときには、こうしてダイレクトにイメージづくりを楽しませる時間もつくってみよう。一つの活動で見つけた仕組みが実はいろいろな学習にもつながっていくことを体験させておくと、次の学びのときに活きて使える力となる。

　とくに３けたの数で使ったこのカードを３年生の小数で用いたときには、そのあとの小数の加減の計算など、もう２年生のときとまったく同じことなので、たくさん練習しなくてもよいという雰囲気になった。

　逆に言うと、２年生のときに計算が苦手だったのなら、この３年生のこの場面でもう一度やり直すチャンスがあると考えることもできる。学習のつながりをこうして意識するだけでゆとりのある学びが展開できるようになる。

## 面積を求めるのではなく「つくる」活動を

　私は、算数の時間には上記のような遊びをたくさん取り入れている。ゲームの中では算数で育てたい思考方法、説明方法がたくさん必要になるからである。

　計算力の反復練習はたくさん組み込むけれど、本当は思考活動、説明活動も反復して体験させたいはずである。

　だが無味乾燥な場面での形式的な説明活動は子どもも喜ばない。

　指示棒をもって決められた話型を用いて発表する子どもの姿に迫力を感じないのは現場の先生ならよくわかるだろう。

　それよりは彼らがムキになって説明したくなる場面、繰り返して使いたくなる場面を設定してあげる方がいい。

　ただし、ものをつくったり、ゲームしたりする授業の中には、算数ではなく別の要素で子どもを楽しませているだけと言われるものもあるので、場づくりはとても大切である。

　次の活動は、面積を公式を使って求めるのではなく、自分でつく

るという活動に重点をおいた実践である。面積の学習ではすぐに公
式にあてはめて適応練習することだけを算数の学習だと思っている
子や大人も多い。

　だが、計算をして答えが出せても、面積の量感を持っていない子
が多い。

　ある時、
「もうすぐお正月だね。干支のイラストを年賀状などに書くでしょ。
そこで少し算数を使った干支づくりを今日はしてみます」
と持ちかけてみた。

　黒板に「12㎠になる十二支をつくろう」と書いた。
12と十二支の12をかけただけ。深い意味はない。この遊び心は
正木先生から学んだ（笑）。

　これだけで子どもたちはきっとう
れしそうにする。今日は何だか楽し
くなりそう…。

　でも、まだ子どもはどのようにして
つくるのかイメージが浮かばない。
こんなときは一つ教師が例をやって
みせる。

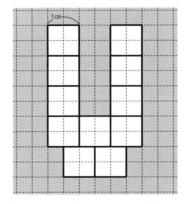

　えーと、先生だったら…、こんな感じかな。どう？　ウサギなん
だけど、上手？

　すると子どもから「あれ？　それ12マスないよ」という声。
「しっかりしてよ、先生。1マス足りない」

　さらに「先生、それウサギらしくないよ、もっと耳とか三角にし
たらどう？」というような声も届く。

　これをとらえて、まずは12マスになるようにするという約束を
再確認する。ノートの1マスが1㎠だから12マス分でよいという
ことは大切な考え方である。

　さらに、ウサギらしくするのに三角形を使うと言い出したことを

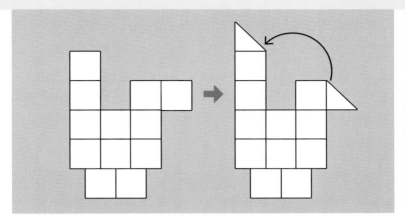

うまく使う。どのようにしたいのか、黒板の先生のウサギを子ども
に修正させてみる。

　修正した後で、必ず、
「でもこれ本当に12マス分あるのかなぁ」と先生が不安そうにす
る。すると、子どもたちが移動した図形の形をあわせて1マス分に
なることを説明してくれる。

　この一連の展開を子どもと対話しながら行うことで、実はこのあ
と行う活動のイメージと約束の確認を行っていると考えれば良い。

　子どもは長々とした先生の説明を聞くのは退屈。このようにして
説明するにも聞き手を参加させながら行うように配慮したいもので
ある。


　ポイントを整理する。
①まずは先生が12cm²ない形をつくって見せて、子どもから指摘が
　あるのを待つ。
②さらにやや下手な形を見せて、子どもの修正を誘う。
③これらの時間が子どもたちの主体性、さらに考える力、説明する
　力を育てていることになっていることを意識する。
　これを私は「聞き手参加型の発表」と言っていて、教師ではなく
子どもたちがお互いに発表しあう時にも意識してその力をつけさせ
ていた。

発表する子どもも説明の際にわざと 12㎠ないものを混ぜて友達を試したりするようになる。先生の真似をして聞き手に指摘させることを楽しむのである。

　その後で修正をしてもらう。修正したものが本当に 12㎠かどうか、さらに他の聞き手に説明してもらう。だから「聞き手参加型の発表」と名づけたのである。


　講演などでこうした子どもたちの発表の姿をビデオで見せると一様に子どもの姿に驚く。でもあれは筑波の子だから……とすぐに子どものせいにする力のない先生の声も聞く。

　ところが最近、ある若手の先生のクラスでそれを実現しているのに出会った。

　「私のクラスの子どもにもできるかなと思ってやってみたら、ちゃんとできるんですね」と驚いていた。

　次回、あれは筑波の子だからと言う先生に出会ったらこの公立小学校に行ってみてごらんと教えてあげることにする。

　もともと子どもたちは一方的に説明するよりも、こうしてクイズを出しあったりする活動は好きなのである。お楽しみ会やバスの中のレクリエーションを見ていれば子どもたちは互いに問題を出し合って楽しんでいるではないか。

　時にはいくつかつくったものの中にわざと 12㎠ないものを混ぜておき、互いにどちらがそれを早く見つけるかなんてゲームにすればこれが練習問題と同じ役割になる。


　さて、では子どもたちが実際につくった十二支を紹介しよう。

　ある子は次の写真のように十二支をすべてつくることに燃えていた。別の子はウサギだけにこだわってつくっていた。

　これらの子どもの取り組み方を、机間を回りながら実況中継して歩き、楽しみ方は自由にした。

　長方形や正方形の面積を習っただけの子どもでも直角三角形の面

積ぐらいならば使うことができる。いや切り取って移動することを
許せばもっと複雑な形もつくることはできる。

　子どもたちの盛り上がり方に合わせて、ルールは変えていけばいい。

「本当に全部 12㎠あるでしょうか？」

きれいな解き方よりも試行錯誤を

# 試行錯誤を楽しむ算数
## ～真ん中の数は？～

かつて私は算数の授業にナンバーをつけていた。そして第10回目とか第20回目など節目には少しおもしろいパズルのような問題をもってきては子どもたちに楽しませていた。（この手法は手島先生に学んだ）

たとえば下のような問題がそれ。

1から9までの数字を9マスの枠に一つずつ入れる。

〇の中の数は、またがった2つのマスに入っている数の和を表している。真ん中の？のところにはどんな数が入っているだろうかという問題である。

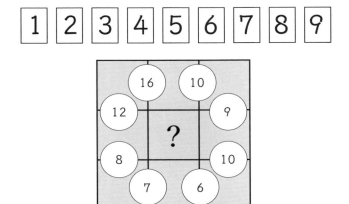

これは、私がかつて教えていた6年生が友達同士で紹介しあっていた問題の一つ。つまり子どもから教えてもらったものである。

その後、後輩の子どもたちと何度か授業してみた。

スマートな解決方法としてよく知られているのは

8マスにアからクまでの数字が入っているとする。

これらを足したのが（ア＋イ）＋（イ＋ウ）＋（ウ＋エ）＋（エ＋オ）
＋（オ＋カ）＋（カ＋キ）＋（キ＋ク）＋（ク＋ア）
= 16 + 10 + 9 + 10 + 6 + 7 + 8 + 12
= 78
　よく見ると、アからクまでがすべて2こずつ。
　その合計が78ということは、半分だと 78 ÷ 2 = 39

　このマスには1から9までの数が入っているはずだから合計は45になるはず。だから45-39をして、その差6を見つける。これが一つあまる？の数になる。

　どうだろう。こうした種類の問題をよく解いていてスマートな解決方法をすでに知っている子どもたちにとっては何のことはない問題になってしまう。
　子どもの状態にもよるが、私は高学年でこうした処理の方にだけ子どもが価値観を感じているなと感じたら、あえて試行錯誤が必要な問題になるように問いかけを変えることにしている。

　このときは、真ん中の数字を尋ねるのではなく、「9マスのすべての数がどのように入っているか考えましょう」というようにして

みた。

　先ほどの低学年のときと同様、まずは教師自身が子どもたちの目の前で試行錯誤を楽しんで見せることにする。

　そしてこのとき、できれば気軽に失敗してみせたい。

　さらに教師の失敗を子どもたちから指摘させ、それによって修正し再び再挑戦を繰り返してみせる。

　あれ、面積のときと同じだと感じただろうか。

　そうである。こうして日々子どもと接しておけば、この先生は私たちから突っ込まれるのを待っているなと感じてくれるようになる。

　気軽に話しかけてくる。いわゆるボケとツッコミの授業のリズムができあがるというわけである。

　授業のなかで疑問に思ったこと、変だなと思ったことを子どもたちがなかなかつぶやけないのは、いつも目の前で発言する人は完璧で間違えないものという価値観があるからである。

　わからないのは自分のせいだと感じると子どもも表現しなくなる。


　私が疑問に思ったことは先生でも同じように感じていたんだ
　なんだ、最初はわからないのはあたりまえなんだ
　そうそう私も先生と同じ失敗をしたことがあるなぁ…
　先生が間違えると、みんなはこんなアドバイスをしてくれるのか
　それなら安心だな


　こんなことが感じられるような空間をつくってあげれば子どもも、もっと質問しやすくなると思うのである。

　子どもたちがこんなことを感じてくれたら一歩目は成功である。


　先ほどの授業に戻る。

　私は表の中の和が６のところを指さして、先生だったらここからやってみるかなと言って取り組んで見せた。

　子どもたちにも試行錯誤させたいが、本当に自由に選ばせると這

いまわって困る子と、あっという間に解決してしまう子どもに分かれてしまうことがある。

そこでまずは考え方の見本を見せることが必要になる。

しかも、そのときには問題の大枠は解決できない方がよい。

それがこの問題の場合は6のところを考えるという活動だと私は判断した。

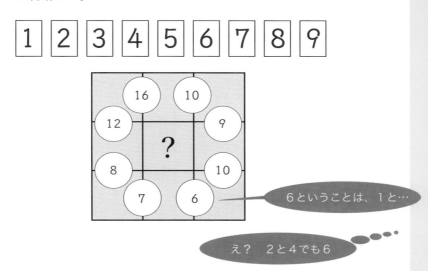

6ということは、1と…

え？　2と4でも6

「6ということは、1と……」

なんて教師が言った瞬間に、「そんなぁ2と4もあるじゃん」
「1だってそっちとは限らないじゃん」

こんなやり取りがはじまることが期待できる。

このように、子どもは一歩目を踏み出せば、その先が見えるようになる。最初の一歩がこわいのである。その一歩の後に友達から違いますと指摘されるのをとてもこわがっている。

本当は一歩を踏み出したときの友達とのこうしたやりとりが役に立つ経験になるのだが、自分が責められていると思うと冷静に活用できなくなる。

だから最初はそのシーンを教師が引き受けて見せる。

さきほど６のところを選んだが、それはなぜ６か。

他の数のところを選ぶと組み合わせが３種類できる。

さすがに３種類もあると、その後の話し合いが混乱する。

でも６だったら１と５、２と４の２つだけ

話題の整理がしやすい。

さらにそこから、それなら16のところなら７と９でもっと考えやすいと話題が移ることが期待できる。

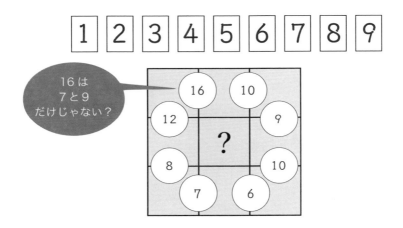

こうして組み合わせが少ないところから取り掛かった方がよいという方策を６のところで引き出すことを目的とする。

考え方をみせたあとで、16のところに話題を移すと、話題がシンプルになって子どもたちがスッと伸びる。

すると整理していく場面が加速できる。

今度は９と７の組み合わせだけだから、急に話が引き締まる。後半は論理的に整理していくことを楽しむことができるから、ここは子どもたちに任せることができるようになる。

◇混沌からシンプルへ

もう一度大切なことを伝える。

最初から 16 のところに話題を持っていくとすぐに説明ができる子どもとそうではない子どもの差がはっきりとでてしまう。

だから６のところを話題にすることで問題自体の解決には至らせないで、みんなで場面を整理すること自体を楽しませ、必要な見方・考え方だけを話題にしていくのである。

目的は同じで「もしも、ここがこの数字だとこういうことが起きるでしょ」というようにして、どの子にも場面を整理する時間を体験させることによって、このあとに見方・考え方の準備運動をしている時間と考えるわけである。

これで 16 のところを考えることになったときに、みんながすっきりと説明できるようになることが期待できる。苦手な子どもたちの成長がちゃんと見える時間がつくれるのである。


同じ教材もどのような子どもの力を育てたいと思うかで、展開をまったく変えることができる。

クラスの子どもたちの実態で、どのような傾向の授業が必要なのかを考えて、授業をデザインしていくことが大切だと考える。


◇問題用紙づくりからスタートする

クラスの状況によっては、試行錯誤よりも冒頭で紹介した論理的に解決していくスマートな解決方法の方を発見させたいと思うこともある。

だが周囲の数の和が２倍になりそれを１から９の全体の和から引けば真ん中の数が出るというアイデアはどこかで聞いたことがない限りなかなか難しい。

真ん中の数字を求めるという問題にしたままで、先ほどのような話題を引き出したいとき。

私は次のような展開方法を試みたことがある。

まず数値の書かれていない9マスの枠だけの用紙を子どもたちに渡し、子どもたちにはそれぞれに1から9までの数字カードを適当に配置してもらう。その後でそれぞれ2マスの和を計算して問題と同じようなプリントをそれぞれにつくらせてみる。

　つまり子どもたちが問題用紙をつくることからはじめるのだ。ルールを長々と説明するよりよほどよく伝わる。

　続いて「実は先生もつくったんだけど、君たちの中に先生と同じ問題をつくっている人がいるかなぁ。先生と気持ちが合っている人を本日のラッキー賞としましょうか」（笑）と告げる。

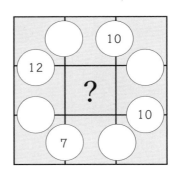

　これなら単なる運試し。優劣はつかないので気軽に参加できる。「それでは、先生のつくった問題は……」と言いながら〇の中に一つずつ数を書き込んでいく。

　すると子どもから「先生、その数が全部あたっていたら、位置は違っていても同じ問題だと言っていいの」というような質問が出た。いい言葉だ。知らず知らずに問題の仕組みに近づいている。

　このときは「いいのかなぁ」とでも言ってぼかしておこう。

　2回戦目もしてみる。

　すると、子どもたちから、「もう1回つくり直してもいい？」とか、「新しいのとさっきの両方使えることにしてもいい？」などとリクエストが届くことだろう。どのクラスでやっても、だいたい同じような声に出会った。宝くじも複数枚持っていた方があたる確率はあがるのだから当然だろう。

　これには教師は「いいですよ。それなら何枚用意していいことにしますか」と子どもたちに尋ねてみる。

　子どもたちは20枚とか10枚とか勝手なことを言いはじめるが、ここでも「先生、9枚つくったら絶対あたるよ」というような子ど

もに必ず出会う。

「先生！ 真ん中の数をあてるの
が問題でしょ。周りの数の配置が
違っても、９枚の数字カードしか
ないんだから、？のところは９通
りしかない」なんて言いはじめる
子もいる。

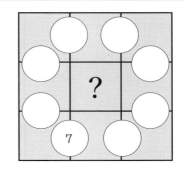

　ゲームにすると、子どもたちの気持ちが前のめりになるので必要
感も手伝って発見できる可能性が高まる。

　それでもなかなか仕組みを発見できない時もあるだろう。そこで
教師はもうひと工夫しておく。

　それは当たりの問題を複数見せるときに、実は真ん中の数値は変
えないで周囲の数の配置だけを変えたものを用意しておく。子ども
の状態によっては、数値の組み合わせも１部分だけ入れ替える程度
にしておくとさらに仕組みに気がつきやすくなる。

　最初のやりとりで、なかなか問題の仕組みに迫る発言が出てこな
くてもこうして**２重、３重に仕掛けをしておいて子どもたちが動き
始めるのを待つ**。子どもたちが少しずつ少しずつ問題の仕組みに迫
って行く時間を共に楽しんでほしい。

　育てたい子どもの姿によって教材化の手立てはこんなに変わる。
今、どのような価値観を子どもの中に培っていくことが必要かを考
え、方針を決めていくことが大切である。

## このようなパズルの問題は
## おもしろいのはわかるけれど時間がない

　問題を見ると、確かにおもしろそうだけど、できるだけ教科書を進めなければならない。正直言って暇がない……。そんな声が聞こえてきそうである。

　でもあえていう。

　私は、子どもたちに楽しい、おもしろい算数の印象を先につけてほしいと思う。

　教師があせってプリントばかりやったり、説明ばかりしていると、子どもたちは学ぶことそのものが嫌いになってしまう。

　一度嫌いになると、誰かから強いられない限り学ばない子どもになる。好きにさせてしまえば、子どもたちは自ら学ぼうとしはじめる。足りないことを自ら補う力がつく。長い目で見るとどちらが子どもにとってよい結果をもたらすか、大人がしっかりと先を見据えて子どもたちと向き合うことが必要である。急がば回れと昔からよく言うではないか。

## 分数のところでも紹介したが、数字カードで
## 算数すると新しい発見だらけです

下の問題は、一見よくある問題のように見えるけど
実は田中博史のクラスの子どもが見つけたオリジナルです

　1, 2, 4, 5, 7, 8 という6枚のカードを子どもたちに手渡して右のような筆算をつくらせた。

すると実は

| | | |
|---|---|---|
| 57<br>+ 24<br>81 | 27<br>+ 18<br>45 | 18<br>+ 54<br>72 |

のように３通りつくれる。

　さらに答えの数が十の位と一の位をあわせると９になっている。

　これが不思議なのである。

　ほかにもある。

　1,3,4,5,6,8という6枚のカードにすると、

| | | |
|---|---|---|
| 18<br>+ 36<br>54 | 18<br>+ 45<br>63 | 36<br>+ 45<br>81 |

とつくれる。今度も十の位と一の位の和が９と同じきまりになっている。

　ということは、逆に和が９になる数字カードの組み合わせを３通り用意するといつも筆算が３通りできるのだろうか。


　1,2,3,6,7,8では・・・。

　残念ながら、今度はできなかった。

　こんな時間を子どもと楽しむ日もつくってみてほしい。

　大切なのは答えができあがることではなく、課題を自分でつくっては先に進むという体験の方。

　これは今から27年前の拙著「追究型算数ドリルのすすめ」（明治図書）で紹介したもの。

　当時、数字カードをよく使って授業していたが、子どもたちは計算の授業もこうしてなぞ解きしたり新しいきまりを自分たちで発見したりする時間はとても楽しいと言っていた。

　計算に対する価値観を変える時間になっていたと思うのである。


　次のように１から９まで使って３けたの筆算をつくる問題はパ

ズルブックなどでもよく知られている。

　これは私のオリジナルではなく、算数の世界では有名なパズルである。

$$
\begin{array}{r}
124 \\
+659 \\
\hline
783
\end{array}
\qquad
\begin{array}{r}
246 \\
+573 \\
\hline
819
\end{array}
\qquad
\begin{array}{r}
139 \\
+725 \\
\hline
864
\end{array}
$$

　よくみると、答えの数の各位を足すと 18 になっている。先ほどの私が見つけた 2 けたの数との共通点は 9 の倍数ということ。

　何かありそうだ。


　ある日の授業、私はこの問題を楽しもうとしたのだが、実は数字カードを間違えて用意してしまっていた。

　本当は 1 から 9 の 9 枚なのに 0 も入れてしまっていたので 10 枚あったのである。

　当然、子どもたちから先生、1 枚あまるよという報告。

　ちょうど外部から参観者があった日。

　子どもたちの机の上にはたくさんの筆算ができている。

　今更 0 は使わないなんて言える雰囲気ではない。

　さて、どうするか。

　こんなときにも子どもたちの価値観を育てる、いや変える良いチャンスが生まれる。

　実は 9 枚の数字カードの問題はすでにパズル好きの子どもたちには有名でそれほど意欲的ではなかった。

　彼らの中には答えの各位の和が 18 になることさえも知識として知っている子もいた。だが 10 枚あって 1 枚あまる、ということは彼らには新鮮にうつったらしい。

　ひろし先生は工夫してくれていると思ったという子もいた。

　冷や汗である。

　1 枚あまる場合でつくってみると、次のようになった。

1 を使わないとき

| | | |
|---|---|---|
| 358<br>+ 249<br>607 | 572<br>+ 368<br>940 | 329<br>+ 476<br>805 |

2 を使わないとき

| | | |
|---|---|---|
| 109<br>+ 736<br>845 | 175<br>+ 634<br>809 | 863<br>+ 054<br>917 |

3 を使わないとき

| | | |
|---|---|---|
| 876<br>+ 045<br>921 | 486<br>+ 219<br>705 | 269<br>+ 571<br>840 |

どうだろう。この時も何か共通のきまりが見えるだろうか。

当然、子どもたちは答えの各位の和を考え出した。

**よく知られているパズル**

0を使わないとき　答えの各位の和　18

1を使わないとき　答えの各位の和　13

2を使わないとき　答えの各位の和　17

3を使わないとき　答えの各位の和　12

確かに同じ和になるけれど、その登場のしかたが期待通りではない。

子どもの探求心に火が付いた瞬間だった。

読者の先生方もぜひ追究してみてください。これにもちゃんとおもしろいきまりがあります。

## コラム

# こんな算数授業を小さいころ受けたかった

### 日本数学教育学会 100 周年トーク

　数字カードを使った授業といえば、忘れられないのが日本数学教育学会 100 周年記念セレモニーでのエピソード。

　2018 年 8 月 2 日　東京のお台場 TFT ホール（東京ビックサイト）で日本数学教育学会の 100 周年記念セレモニーが開催されました。

　午前中は記念式典や「AI vs 教科書が読めない子どもたち」の著者、新井紀子先生（国立情報学研究所教授）の記念講演が行われました。

　この日の午後　いよいよ私の出番です。

　13:30 から 14:30 東京ビックサイトのホールは 1000 人の参加者で埋め尽くされ、関係者も入りきれないほどになっていました。

　それは、田中博史のおかげ……ではありません（笑）。

　ゲストにココリコの田中直樹さん、ぐっさんこと山口智充さんがやってきてくださったからです。

　60 分のステージ。あの日あそこで何があったか、この紙面を借りてゆっくりお伝えすることにしましょう。

　それにしても固い学会がよくぞこんな企画をしたものです。100 周年の実行委員長である大学の先生から、「ともかく田中博史先生にすべて任せます」との全幅の信頼の一言をいただき、私も意気に感じてこの日を楽しませてもらいました。

　実は生徒役の田中直樹さん、山口智充さんとも前もっての打ち合わせはありませんでした。お昼ご飯を一緒に食べただけのぶっつけ本番の算数授業になったのです。

　でも、この 2 人とはすでに紀伊國屋ホールでそれぞれとトークショーをしているので顔なじみではありました。ぐっさんに

至ってはNHKの番組をしているときに授業にコメントをもらったときからです。ココリコの田中直樹さんは動物の目から見た世界について研究していて図鑑まで出している実は学者肌の方でした。

　でも、この日何となく2人の様子が変でした。
「田中先生、私たち、いったい数学の学会でなにするん？」
　確かにそうだよね。私もそう思っていました。
「小学校時代を思い出して、お2人にとって『さんすう』ってどんなイメージという話題を自由にしましょう。後半は私が少しだけ授業しますから生徒役でお願いします」とだけ伝えておきました。
「難しいのはかんべんでっせ」と笑っていた2人でした。
日本一固そうな会で、日本一ゆるい3人組がステージにあがるというわけです。
　　　　　　　　※　　　　　　　　※

　まずホワイトボードに1から9までの数字カードを並べます。

$$\boxed{1}\ \boxed{2}\ \boxed{3}\ \boxed{4}\ \boxed{5}\ \boxed{6}\ \boxed{7}\ \boxed{8}\ \boxed{9}$$

　ここから2つの数字を自由に選んで取ります。
　選んだ2枚の数字カードで2けたの数をつくることにします。たとえば、2と8だったら・・

ぐっさん　「28」　　　　　　　　　$\boxed{2}$　　$\boxed{8}$
田中直樹さん　「82もできますよ」
こんな感じのトークをしながら2けたの数が2種類できることを確かめます。

私「そうですね。2通りの数ができますから、大きい数から小さい数を引き算してみます」

82-28=?

引き算といったとたん2人の顔がひきつりました。

「先生、ぼくたちに計算は無理ですよ（笑）」

　実際に、トークのときは会場の小学生の助け舟で何とかのりこえることになりました。（会場から2年生ぐらいの男の子が「ぼく出来るよ！」と手をあげて参加したのがかわいかったなぁ）


私「では、今からこれを手品のようにしてやりたいと思います。

　カードは私と直樹さんで取りましようか。

$$\boxed{1}\ \boxed{2}\ \boxed{3}\ \boxed{4}\ \boxed{5}\ \boxed{6}\ \boxed{7}\ \boxed{8}\ \boxed{9}$$

　数字カードを取る前に、私は今から答えを予測してこの紙に書いてポケットにしまっておくことにします」

　ホワイトボードの裏に行って白紙に答えの数を書き、ポケットにいれてもう一度、みんなの前に。

私「カードをひく前に書いたのですから当たったらすごいでしょ」

直樹さん「そりゃまあ」

ぐっさん「でも大丈夫ですか」

直樹さん「失敗すると信用失いますよ（笑）」

私「さらに、私は直樹さんよりカードを先にひきます。あとからカードをとると計算して予測することもできますからね」

ぐっさん「なるほど」

直樹さん「手品っぽい」

私「でも実はカードを取る前に予測の答えを書いてるんだから、あとから計算しても書けないんですけどね」（笑）

直樹さん「だったらもっとすごいじゃないですか。当たったら」

私「では、やってみましょう。まず私がカードを取りますよ。えーと、どれにするかな。

　よし、では5を取ります。では、直樹さんどうぞ」

直樹さんは 7 を取りました。

$$\boxed{5} \quad \boxed{7}$$

　この2つのカードで引き算をつくって計算してみます。
　75-57=18
　さて、博史先生のポケットから出てきた紙に書かれているのは…
18
「おーーー、当たりです」
「おっ、すごいじゃないですか」
するとココリコの田中直樹さん、何を思ったか
「博史先生、それもう1回できます??」
「今度はぼくが先にひいてもいいですか?」
「いま、使ってないカードでやってもらっていいですか」
とまあ、いろいろ。
　さすが好奇心旺盛な方です。
　こういうとき、ぐっさんはいい人で、（いいのかな。こんなにつっこんで）と心配顔でした。
　でも、このままでは、仕掛け以外の答えがでてしまいます。実は冷や汗の私でした。

※　　　　　　※

　このココリコの田中直樹さんの好奇心は、実は以前、紀伊國屋ホールで、2人でトークショーやったときにも感じていました。控室ではおとなしい人なのに、ステージにあがると人が変わるんです（笑）。
　紀伊國屋ホールのときは、2人で動物になって、私は四つん這いで走り回らせられたことがあります。だから、この日の展開も少しは予想できていました。
　きっと手品の種を探そうと絡んでくるなと・・・

私のこの手品は、私が最初に5を取るところが工夫の一つです。

　先にカードを取ることで、手品の要素、不思議さもふえるという意味と、5を先に取ってしまえば、相手は何を取っても差が4以内におさまるので、答えは 36, 27, 18, 9 のいずれかになるという2つのよさがあります。

　例
95-59=36
85-58=27
75-57=18
65-56= 9

　だから私は4種類の答えの紙を持っていて、それを取り出すだけでよいというわけです。

　最初にこの手品をしていたころは自由にとらせていたので、答えの数を9から72まで8通り持っていなくてはならなかったから、どこに何が入っているかわからなくなって失敗したこともあるんです（笑）。

　その後、そうか、私が5をとればいいんだ。しかもそれを先ひいてみせれば不思議さも増す。

　これに気がついてから、上手くできるようになりました（笑）。


　さて、この後ココリコの田中直樹さんのリクエストにどう向き合ったのでしょうか。

　さっき使ったカードは使わない。つまり5は使わないということです。もう、これで仕掛けは役に立たなくなりました。

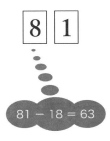

　このとき、8と1のような数のペアになり、答えは63となってしまったのです。

　私は9から36までしか持っていないから、気まずい空気の中、私が36のカードを出す羽目になりました。

ぐっさんが
「あれ、博史先生、大丈夫ですか。やらかしちまった……て感じですか」
　ココリコの田中直樹さんの嬉しそうな顔。
「駄目じゃないですかぁ、博史先生」
　私は「いやあ、しっぱい、しっぱい…」と告げた後で、ココリコの田中直樹さんにこう告げました。
「その紙の裏をちょっとみてください」と。

　すると、直樹さん、紙の裏を見て、仰天。
「えーーーー、すご!!」
　紙の裏には「実はこの数字のぎゃくが　せいかいだよーん」とメモ書きがされていたのです。
　直樹さんは、ものすごく興奮して、「えっ、これっ本当にすごくないですか」と客席に私のメモの裏書を見せて回っていました（笑）。
　実はもしかしたら、他の答えになるかもと思った私はステージに出る直前、4枚の紙の裏すべてにあのメモを念のため書いておいたのでした。あぶない、あぶない。（笑）
　トークショーの最後には、私が黒板をきれいにしようとして「あれ、ぐっさん、黒板クリーナーありませんでしたっけ？」とふると、そこからぐっさんのミニものまねショーへ。
　黒板クリーナーの音ものまね、ぐっさんの得意ネタなのです。私のふりからものまねしてほしいというのが伝わったようで、すぐに直樹さんが司会に加わって最後は花火大会の中継から花火の音ものまねで盛大にフィナーレを迎えて終わることができました。なんの打ち合わせもないのに見事な終わり方になりました。

　控室に戻るときに、ぐっさんが「これ、ほんまに営業で使えそうや。博史先生、これ使わせて」と大盛り上がり。直樹さんは最後まで悔しそうでした（笑）。

**36**

実は
この数字の
ぎゃくが
せいかい
だよーん

## カプレカー数を教材化

　100周年のトークショーで用いた教材は、インドの数学者カプレカーによって発見されたもの。

　私は3けたの引き算リレーと称して、全国の子どもたちとの飛び込み授業によく使っている。

　1から9の数字カードを用いて、3つの数字を適当に選ぶ。

　その3枚の数字を使っていちばん大きい数といちばん小さい数をつくる。

　2, 6, 4と選んだら

　大きい数は642 小さい数246

$$\boxed{2} \quad \boxed{6} \quad \boxed{4}$$

　これを引き算する。

　642-246=396

　　次にこの出てきた答えの3つの数を使って、同じことを繰り返す。

　　では、今から、これを使って計算練習を楽しんでみる。


　読者の皆さんもやってみてください。

　たとえば3, 9, 6でつくると963-369。

$$\boxed{3} \quad \boxed{9} \quad \boxed{6}$$

　答えは、594

　次は5,9,4を使って最大と最小をつくるから954-459=495

　4, 9, 5だから、次の計算は・・・・

　あれ、また954-459=495

「あれーー、ここからは同じことになっちゃうよ」

「先生、これおもしろい!!」

「それに答えに何だかきまりがありそう」

「私、きまりに気がついたよ」という展開がこの後はじまる。

　この495は、カプレカーによって発見された定数ということでカプレカー定数、またはカプレカー数と呼ばれている。

カプレカーは、この繰り返し引き算を３けただけではなく、いろいろなけた数で実験している。たとえば２けたで３と５を選ぶと

　53-35=18

　今度は、18を使ってつくるので

　81-18=63、次は 63-36=27、次は 72-27=45

　さらには 54-45= 9となってしまう。

　従って９になったらもう続かないということでカプレカー数は９。

　でも、この場合 09 となっていると考えると

　90-09=81 となって最初の数に戻るので、延々とループし始める。これもおもしろい。

　よく見ると、３けたの時も２けたの時も答えは全部９の倍数になっている。

　この話題は、中学校の教科書で文字式のテーマに昔からよく使われていた。これを算数手品にして教材化したのが、先ほどのトークショーで用いたものである。


　ちなみに、私は手品の算数を他にもいくつもつくったが、算数手品は参観日だったり、ちょっと子どもが疲れているなとか、イベントのようなときにはとても楽しく有効だが、本質の算数の授業として研究会などでやるのはあまり好ましいとは言えない。

　だから楽しげにやって自分でうまくいったと思っているのに、算数を専門に研究している立場の方からは冷ややかな視線を向けられる。それは手品なので、先生は答えを知っていて、それを子どもが探るという展開になるからだ。

　つまり最初から先生が上にいるという立場関係での授業は、質が高いとは言えないということである。


　カプレカー数のような授業をしたあとは、私は子どもたちに自由にいろいろな桁数に挑戦させてみる時間をとったあとで自分の旅した世界を記録させる時間をとっていた。

そのときの整理には、次のようにスケッチブックを使うことが多かった。ときにはこうして 45 分書き浸るという時間もつくる。下は４年生の男の子の作品。

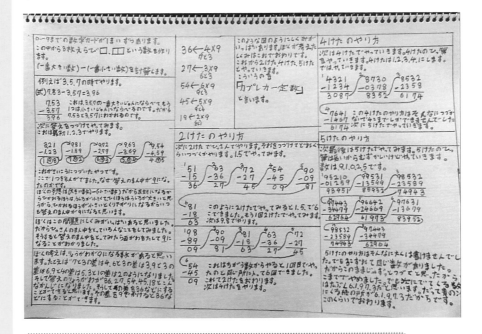

## 画用紙レポートづくりのコツ
## スケッチブックレポートで書き浸る

　上の男の子の作品、意図して育てると全員がこのレベルのレポートを書けるようになる。特別な子のものではない。


　クラス替えをしたある日の参観日。私は第一弾の画用紙レポートを廊下に全員分出した。
　まっ先に駆けつけてきたのは元の担任団。
「えーー、なんですか。これ」
「え、なんでこの子が」の感想の連続。
　子どもたちもやってきて誇らしそう。なにより親がいちばん驚い

ていた。

　これにはコツがある。ちなみにレポートの見本をみせて、このようにまとめるんですよとか、ときには過去の子どものすごい作品を見せて、ほらこんなふうにがんばるんですよと促すことが多いのではないだろうか。

　このパターン、子どもにとって楽しくない。

「ぼくにはあんなの無理だよなぁ。だいたいこんなにたくさん書けないし」

　こうして、スタートからやる気スイッチは萎えてしまう。

　私はこんな愚かなことはしない（笑）。


　子どもの心は、大人が先に前を歩くとすべてにおいてパワーダウンする。

　書かせたいなら、書かせない。

　最初から画用紙いっぱいに書かないといけないと思わせるのではなく、画用紙をいくつかに区切って

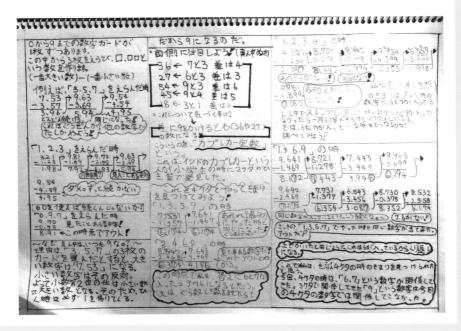

「ごめんね、これだけのところで今日のレポート何とかなる？　ほら、スケッチブック高いし、この中にこうして書いていくんだけど、ほらまだ４月だし……。たくさん調べたけど、その中からこれは残しておこうというのだけ、その四角のところに書くことにしようか」

「えー、そんなあ」

「せっかくたくさんきまり見つけたのに」

「じゃあ、先生、小さい字で書いていい」

　先生「いいよ」

「先生、どうしても入らない」

「枠をもう少しだけちょうだい」

　先生「えー、少しだけ。もういいよ、はいはい、今日はここまで」

「もっと書きたい。たくさん調べたのに」

　こういう逆の空気をつくるのがいいと考えるのである。大切なのは書きたいことがたくさん生まれる授業をすること、でもレポートにするにはあまり大きな枠を最初から与えないこと、この二つである。

　子どもたちのレポートづくりが一区切りしたら、「ちょっとみんなのスケッチブック見せてよ。わー、こんなにびっしり。すごいね。どうしてこんなにびっしりなの」

「だって詰めて節約しないと、書くところが少なくなるから」

　先生「じゃあさ、友達のも見て回ろうか。」

　このとき、私は低学年時代にノートが汚いといつも言われていた子に対してどんな言葉が出るかなと待った。

「えー、これ◎◎の？」

「ていうか、普通にすごいじゃん！」

「なんかさあ、書いちゃいけないって言われると書きたくなるんだよなぁ」→　これが子どもの心だ。

　いや、ひろし先生も実はこれ見てすごいなぁと思ったの。みんな低学年のとき、おうちの人からいろいろ注意されなかった？

「された」「うん、いつも丁寧にとか」

先生ねえ、そのレポートだったらおうちの人驚かせることできると思うよ。いやいや、その前に前の担任の先生にさあ、「えーー」って言わせない??

　こうすると子どもたちの顔がニコニコになる。

　よし、いいかい、これ書いてるの気づかせちゃだめだよ。参観日の日に一斉に廊下に並べて他のクラスを驚かせるんだからね。

　これが４月の仕掛けだった。


　もちろんこのあとは、実物のレポートで解説しながらどのように変化させていくか、話題をどう選ぶか、共通するものはどうするか、いろいろと教えていくことはするが、**大切なのは心に火をつけること**。なのに、多くの大人はいつも真逆をやっているような気がするが、どうだろう。


　ちなみに、わざとスペースをせまくしてつくらせるというこの方法、私は山口県の教員時代からやっていた。あのころから子どもの天邪鬼な心を揺さぶるの、得意でした。

　山口の山奥、クラスの子どもが７人だったときもやっていた。びっしりレポートちゃんとできました。山奥の子どもたちのレポート、筑波の子どもに負けてませんでした。

　●●の学校だからできると思っている人、あの地域だから、あの町の子だから……。

　研究会には、必ずこういう人がいる。必ず他のせいにする。他の要因を探す。

　違います。**他人のせいにしているかぎり変化はおきません。**

　力のある先生たちは、同じ10歳の子どもたち、どこまでやれるかと燃えていた。

　他のせいにして、よく見つめ直したら子どもにとってもっともやる気の出ない指示をしてしまっていることには目をつぶっていたら、さらに自分のところの子どもでは無理だと最初から決めつけて

135

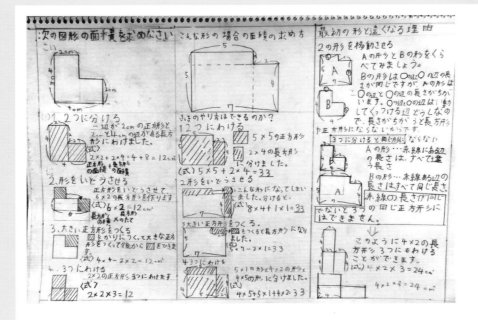

　いる大人が側にいるのだとしたら、その子どもにとっては不幸なことだと思う。

　こうして概観すると、共通するのは、子どもの側にいる大人の算数に対する価値観の改革を進めていくこと。

　自分が小学生時代にやっていたことで楽しくなかったことは今の子どもにも楽しくないと思うべきだろう。

　立場が変わったら、嫌だったことも将来のためと言い聞かせて、同じことを繰り返していたら変化は起きない。

　子どもの目線に立って試行錯誤し、まず大人も楽しいと思える時間をつくろうではないか。

　そして当たり前だと思ってやっていた方法の価値、さらにその目的は何だろうと自問自答してみよう。学びを急がせすぎていた大人の価値観が変われば、子どもたちの取り組む姿勢も大きく変わると思うのである。

# ちょっと一息の雑談

　コロナ禍で時間がいっぱいできたので、船舶免許にも挑戦。実は退職して、すぐにまず水上バイクの免許をとりました。続いて小型船舶の二級免許にも挑戦。

　その講座を受けていた時のことです。

　同じ講座を受けていた同年代の方たちは1海里を1.852kmだと覚えるだけでも苦労されていました。

　その様子を見て、私が「覚えなくても部屋に書いてありますよ」と言うと、「え?」と驚いていました。

　それが下のようなカレンダー。1日の下は8日。8日の下は15日、その下は22日。一の位の数字が同じ並びになっているというわけです。

| SUN | MON | TUE | WED | TH | | SAT |
|---|---|---|---|---|---|---|
| 27 | 28 | 29 | 30 | 31 | 1 | 2 |
| 3 | 4 | 5 | 6 | 7 | 8 | 9 |
| 10 | 11 | 12 | 13 | 14 | 15 | 16 |
| 17 | 18 | 19 | 20 | 21 | 22 | 23 |
| 24 /31 | 25 | 26 | 27 | 28 | 29 | 30 |

一の位を見れば、1.852

　私はこの数字の並びをみたときに7とびの数になっているのに気がついたので、すぐにカレンダーと結び付きました。数に対する感覚っておもしろいですね。

　あのあと、おじさんたち、テストのときもカレンダーを見てニヤニヤしていました。

　試験のあとで、二級の限定海域が5海里であることが話題になりました。みんなで5海里って9kmぐらいだけど、海の9kmってどこまで?　ぴんとこないね。あの水平線まで行けるのかな?　そんな話で盛り上がったのです。

そこで、水平線までどれぐらいあるかを一緒に考えてみることにしました。

　読者の皆さんは海に出かけたとき、遠くに見える水平線までの距離を感覚的にどれぐらいだと思っていますか？

　10km、100km？　海って案外わからないですよね。おじさんたちとの雑談でも
「あの水平線まで行けるのかなぁ」
「そんなに遠くまでは行けないんじゃないの？」と、やはり水平線は遠いイメージでした。

　身長をh、地球の半径をRとして、下のように考えると、水平線まではLの長さを調べればいいことがわかります。

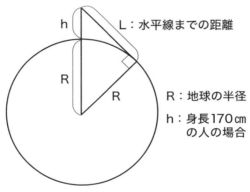

これは、中学校で学ぶ「三平方の定理」で出せそうです。

　ところで地球の半径ってどうやって出すんでしょう？

　実は1mは地球の大きさからつくられています。

　赤道から北極点までを1000万分の1にしたものを1mとしたのです。

　だから地球一周はぴったり4000万m。この話、案外みんな知らなくて、大学生に話すと「ぴったりになるはずはない！」と驚いていました。

　ただし実際には、地球は完全な球体ではないので平均をとって使っています。

計算では4000万m÷3.14÷2＝6369.4km　となります。

でも完全球体ではないので何か所か測って平均して6371kmを普通は使います。

このあとは、三平方の定理を久しぶりに思い出してせっせと計算してみます。でも実際の数値は最後にして、文字でやっていく方が楽です。下のように進めていくと、ほらRの二乗の大きな計算が消えましたね。

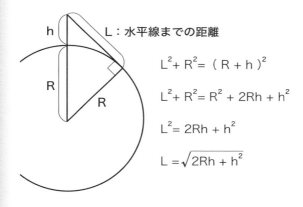

h

L：水平線までの距離

$$L^2 + R^2 = (R + h)^2$$

$$L^2 + R^2 = R^2 + 2Rh + h^2$$

$$L^2 = 2Rh + h^2$$

$$L = \sqrt{2Rh + h^2}$$

さて、ここから実際の数値を入れていくのですが、Rは単位がkmなのにhはcmと大きく違います。hを二乗すると0.0017の二乗ですからほぼ無視していいことがわかります。

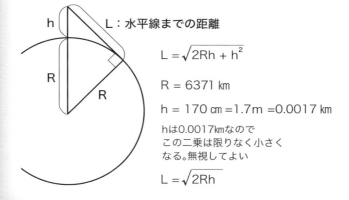

h

L：水平線までの距離

$$L = \sqrt{2Rh + h^2}$$

$$R = 6371 \text{ km}$$

$$h = 170 \text{ cm} = 1.7\text{m} = 0.0017 \text{ km}$$

hは0.0017kmなので
この二乗は限りなく小さく
なる。無視してよい

$$L = \sqrt{2Rh}$$

最後の√はもちろん電卓に頼ります。

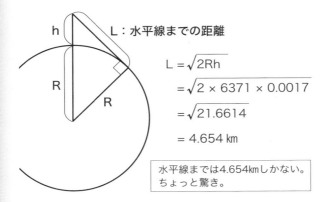

L：水平線までの距離

$$L = \sqrt{2Rh}$$
$$= \sqrt{2 \times 6371 \times 0.0017}$$
$$= \sqrt{21.6614}$$
$$= 4.654 \text{ km}$$

水平線までは4.654kmしかない。
ちょっと驚き。

結果が出ました。水平線まで 4.654 kmとわかりました。

えっ？　5kmないの。そんなに近い??　みんな驚いていました。

ということは、二級免許は沿岸から約9kmまでだから、あの水平線の二倍まで出ていけるということになります。

そりゃ大変だ。そんなとこまで行ったら遭難する・・（笑）。

おじさんたちもそう感じて笑ってました。

この話題は中学校で数学を教えている人にとってはめずらしくないものです。でも、5海里ってどれぐらい出られるのと感じたメンバーだったからこそ結果への大きな驚きがあったわけです。

私もそうでした。単に「計算せよ」だけだったら、それが何？となってしまいます。問題を解くときのきっかけとなるエネルギーって本当に大切なんです。だからこそ、子どもたちに問いを持たせてからスタートすることがとても大切だと、あらためて実感したのでした。

ちなみに私はその後一級免許をとりました。今は、80海里（148km）までひとりで行けます。それ以上も機関士を連れていけば制限なしです（笑）。

第 **4** 章

実はイメージが
できないのは
子どものせいではなかった
なぜ困るのかを探り、
困ったときの拠り所をつくる

## 「もしも……だったら」で拡がる世界

　突然だが読者の先生方は、四次元の世界についての書物を読まれたことがあるだろうか。四次元というと時間空間を超えるタイムスリップの話などを想像される方もあるだろう。

　だがこの４番目の軸に時間軸を考えるのは物理学の方で、数学では時間軸は出てこない。

　それまでと同じ約束を繰り返し適応していくだけである。

　ここでいう「それまで」とは、一つ前の座標軸に垂直な軸を新しく想定して二次元から三次元になったように、四次元を考えるときは「三次元までの３つのそれぞれの軸にもしも垂直な軸があったとしたら……」と考えていくことになる。

　そんな世界があるのか、と思われるだろう。

　私も確かにそんな世界は具体的にはイメージできない。

　中学校の数学では、マイナスとマイナスを掛け算するとプラスになると学んだのに、もしもその答えがマイナスになる世界があるとしたらと考えて複素数の話題が拡がるように、「もしも」と仮定して考えることによって考察する対象がどんどん拡がっていくという学びの世界が、小学校を卒業してからの学びには存在しているのである。

　そんな学習に出会ったとき、小学校のときのようにいつも具体的にイメージできるものでしか先に進めないとなると、学びは止まってしまいかねない。

　自分がイメージできないことも、それまでに学んだいろいろなツールを組み合わせて、仮定して考えてみるという姿勢が必要になるときがくるのである。

　その入り口が、実は平均や単位量当たりの大きさの学習だと私

は考えている。

　よく考えたら、混み具合だってきれいに間隔をあけて人が立っていることはあり得ないし、同じ速度で続けて走ることができる車も存在しない。

　でも、もしもそう考えることができたとしたら、物事の比較がしやすくなるのではないかと考えて使っていくわけである。

　幸い、混み具合も速さの学習も今述べたように現実的には確かに不自然ではあるが、そう仮定してイメージを持つことがまったく不可能なわけではない。

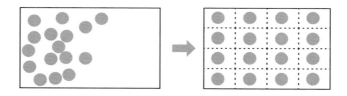

　だからこの２つの学習は、今後始まる理想的な状況を仮定して新しい世界を観るという学びと、具体的なイメージを持って物事の仕組みを考察するという学びの橋渡しをするという役割として適した学習内容だと私は勝手に価値づけしている。

　これとは別に、子どもたちが苦手としている１よりも小さい数で割る割り算のように、高学年の学びの中には、低学年から培ったイメージが逆に邪魔になっていて子どもたちが困っている場面もある。

　つまり、これまでは大切といわれていた具体的なイメージを持つことが、逆に役に立たなくなるときにも出会うことがある。

　そんなときに、今述べたような「もしも……」と仮定して考える方法や「これまでのルールを同じように適用していいとしたら……」と学んだ形式を組みあわせて、物事の解決に挑んでみるという姿勢を育てることも必要なのではないかと考えるのである。

第３章では主に１年生から４年生までの算数の学習が中心にな
るが、教える側が急ぎすぎたことで、子どもたちが本来は持つこと
が可能なイメージをきちんと持とうとしないで、ともかく早く形式
をあてはめて解決していこうとする姿勢になっていることが課題で
あると述べた。

　大人から急かされて育った子どもたちの目的は、ともかく早く形
式を使って結論を出すことになってしまっている。だが形式を使い
こなすには、その形式の背景にある意味をとらえることができてい
ないと、誤った結果が出てきても修正することができない。これで
は役に立たない。算数の苦手な子どもをつくることにつながるこう
した価値観の改革が必要だと考えて、諸活動を紹介した。

　ところが高学年の学習の中には、実は、イメージを具体的に持つ
ことがそもそも不自然なのに、イメージ化を求め続けていることに
よって子どもたちを困らせているという現象もある。
　つまり、いつも同じ解決方法に固執するのではなく、**子どもたち
の困り方を細かく観察して、指導する側が手立てを使い分けていく
ことが必要なのである。**
　高学年の学びの中には、この２つのトラブルが混在している。

　１）早くから形式を使うことを求められて困っている
　２）イメージが持てないのに持てと言われて困っている

　１）については、第３章でその対策をいろいろと述べたが、高学
年の学びにおいても、公式を使う場面がその典型になっていると私
は考えている。
　意味も分からないのに早くから公式を使って結果を出す練習ばか
りをさせられてしまったことへの反省から、台形の面積の公式が削
除されたことがあるように、公式の学習はそのつくられ方自体を大
切に扱うことの方に時間を割きたいものである。

その際、子どもが学ぶ公式について、彼らがそれを使いこなせないのはなぜか、何に困っているかを指導者が見極めることも必要になる。

たとえば、子どもたちが苦手とする割合の学習。

今回から4年生でも触れるようになったが、なぜ子どもたちは割合が苦手なのだろうか。

子どもたちの声を聞くと、割合の学習で用いる公式の言葉がわからないという。公式の持つ意味がわからないというよりも、用語自体に子どもたちを困らせている問題点があることがわかった。

では、割合の公式に登場してくる次の3つの用語について考えてみる。

**もとにする量**
**比べられる量**
**割合**

この中でもとくに子どもたちは「比べられる量」というのがよくわからないという。

でも、よく考えたら、子どもの困惑も当たり前で「比べられる量」という言葉は日常語である。

その意味は曖昧であり、問題場面に出てくるいずれの量にも当てはまる言い方だと子どもたちは言う。

比べられる量というネーミングは、本当は「もとにする量」が決まった後に残るもう一方の量という程度のものだった。

生活で使う言葉を用いてネーミングをしてしまったために、そのまま日本語として意味をとらえ、「比べているもの」、「比べたいもの」を考えようとすると、子どもたちが困るというわけである。

整理する。

　問題文に出てくる２つの量はいずれも比べている。だから子どもがどちらも「比べられる量」ではないかというのは日本語として自然なのである。この悩みは、子どものせいではない。

　これに対して「もとにする量」とか「基準」という言葉は、子どもにも約束が伝わりやすい。

　だから本来は、こちらの量が必要になるように授業で意識づければいいだけである。あとは基準の量以外という量があることを伝えればいい。


　しかし、基準を見つけるときにも、指導を急いだ大人が「の」の前がもとにする量だなどと教えてしまうと、途端に子どもたちが困ることが増えてくる。

　実際、かつての割合の指導では、これによって子どもたちを混乱させてしまったため、教科書などでは表現方法を限定してしまうという本末転倒な結果になってしまった。


　問題場面をきちんと読み取り、「どちらを基準にしているのか」を素直に問えばいいだけのことである。

　その際、子どもたちに意識してほしい量があるのなら、あえてそれを外して尋ねてみればいい。「基準がないと問題が解けないよ」と子どもたちが言い出すように、つまり必要感を感じるように仕向ければいいのである。

　それが第２章の事例で紹介した、次のような問いかけである。


　例
　教師「青のテープは何倍ですか」
　子ども「先生、何倍ってなんの？」
　教師「どういうこと？」
　子ども「だからぁ、なんと比べるのかわからないと何倍かこたえ

られないじゃん」

教師「なるほど。じゃあ、どれと比べたい？」

子ども「赤かな。赤だと青は2倍だね」

　こうして自然な子どもの意識をとりあげて、必要な量を再認識させ、「今、みんなが『なんの？』と尋ねたくなったものを『もとにする量』というんだよ」と教えるのである。

　あらためて、こうしたやりとりを見るとわかるが、「比べられない」「なんと比べたいか」という言葉にあるように、基準の量も「比べる」ために意識する量なのだ。

　だから「比べられる量」という言葉は紛らわしい。子どもの混乱の原因になっているこのネーミングには改善が必要である。

　次に割合という言葉について考えてみる。

　実は割合という言葉も日常語である。やはり曖昧な言葉の一つである。

　だが、そのもともとのイメージは、子どもたちが最初に分数を学んだときに持っていたものと同じだと言えないこともない。

　日本の算数教育は、分数に対して割合のイメージを持っていることをことさら悪いことのように扱い、量分数にすることに懸命に取り組んできたが、もっと素直にもともと持っている感覚を利用すればいいと私は考えている。

　つまり、割合の最初はそのまま分数表記にすることを許すということである。

　クラスの人数が32人で、欠席が5人ならば欠席率は $\frac{5}{32}$ と表現すればいい。率などの言葉の難しさや全体と部分で数値が重なっているなど、理論的には配慮して指導しなくてはならないことはたくさんあるのだろうが、低学年の子どもでもこうした表現についてはなんの抵抗もなく使うことができた。

そこで、今回の教科書作成においても、子どもたちのこの素直な感覚に寄り添った単元配置を私は提案してみた。

　それが割合の単元を２つに分けた理由である。

### ◇割合単元の配置へのこだわり

　私は学校図書算数教科書の監修委員の一人だが、2020年の教科書改訂にあたり、５年生の割合の単元の配置でとくにこだわったことが下記のことである。

　目次を見ると割合の単元は次のようになっている。
　単元13 割合 (1) 全体とその部分の比べ方を調べよう
　単元17 割合 (2) ２つの量の比べ方や割合を使った問題について考えよう
　日本の子どもたちがずっと苦手としていた割合を、２つに大きく分けて指導の時期さえもずらした。

（学校図書株式会社発行「みんなと学ぶ　小学校算数５年下」）

単元 13 割合 (1) が終わったあと別の学習をし、再び単元 17 割合 (2) が始まる。

　それはなぜか。

　割合という子どもが苦手としている学びを一気に終わらせるのではなく、少しゆとりをもって繰り返し話題にしていくことができるようにするという学ぶ頻度とスピードに対する配慮が一つにはある。

　だがもっと大切な視点がここにはある。

　この単元配置には、表面的によくわかる話と数学にまつわる深い話と 2 本立てでの説明が必要になる。倍の話、比の話、分数の話とすべてがつながるのだが、まずは、表面的にすぐわかる配置の理由から説明してみる。

　一つは単元名に書かれた通りである。

　単元 13 は全体と部分、単元 17 は部分と部分の関係になっている。割合は子どもが苦手とする学習の一つだが、実は全体と部分の関係を考えることは子どもにとって難しいことではない。

　シュートを 10 本うって 3 本入れば成功率は $\frac{3}{10}$ と表現することに多くの子どもは抵抗を示さなかった。

　これは彼らが初めて出会った分数の感覚ともぴったり合う。


　もちろん、厳密にいえば異なることもあるのだが、こうした出会わせ方の目的は、難しいイメージのある割合の学習のスタートにおいて「難しいと聞いていたけど、なんだ割合って思ったより簡単じゃないか」と感じさせることができるという点で大きな意義がある。

　私個人としては、本当は単元 13 の段階では、公式は載せたくなかった。あの公式には、冒頭で述べた課題の残る言葉があるからである。

それでも、何とかイメージを残すために

$$割合 = \frac{比べられる量}{もとにする量}$$

と分数表記を併記してもらった。

　さらに付け加えると私個人は、この段階では「もとにする量」という言葉もまだ必要ないと思っている。

　この段階は

$$割合 = \frac{部分}{全体}$$　でいい。

　子どもたちは、入れ物となる全体を探し、その中にどれぐらい入っているかをイメージしていると考えればいい。

　どちらをもとにするのかが気になるのは、2つの量が対等になってからである。

　だから部分と部分の比較になるまで、いや子どもたちが「なんの?」と意識する必要が出てくるまでは、「もとにする量」という言葉を使わなくてもよいと考えている。


◇**量の学びと変化の学び**

　この割合についてのイメージだが、実は4年生で初めて学ぶわけではない。さらに分数が持っているイメージがそのスタートというわけでもない。2年生で掛け算を学ぶときの倍の学習でも実は子どもたちは割合について学んでいたのである。

　ただこのときも子どもの既習とつなぐための**累加の指導**方法と新しい見方としての**倍の指導**という2つの視点が指導者側の立場として存在している。


〈**ある量が変身したという考え方**〉

　倍の指導とは、言い換えると変化を教えることである。

　2mのものがグーンと6mまで伸びた変身のイメージと言い換

えたらわかるだろうか。ゴムなどを使ってその概念を育てようとした実践はこちらの見方を育てるものである。

〈量を集めたという考え方〉

　一方で、既習の加法とつなぐことを念頭に置いた指導方法として累加の考え方を用いる方法がある。

　こちらは2mのものを集めて6mをつくる。

　**つまり複数の同種の量を集めたという見方である。**

　こちらの指導方法だけだと割合にはつながらない。

　実は、1年生の合併と増加の場面にも本来は量と量の演算と、量と変化の演算という2つの違いを意識した指導の理念が根底にあると私は考えている。

　概観すると、低学年から高学年まで、量同士の計算と量とその変化の計算の2つを視野に入れているという点は一貫していると思うが、子どもにとってはなかなか理解が難しく、現実にはあまり子どものところには届いていない。

　この倍の概念を何とか子どもたちに持たせようと、算数教育界では、いろいろな図が工夫されている。

　いずれも大人がその概念の説明のためにつくった図であり、理論は素晴らしいし、初等教育の段階での整理として学者の方々が諸外国に自慢したくなるのもわからなくはないが、大人が期待しているほど、残念なことに子どもには届いていない。

## ４マス関係表提案の経緯

◇**子どもが困っている図の学習**

　では、次にここまでの話題に関連させて、子どもが困っていることとして図の指導についてとりあげてみる。

　私が４マス関係表を提案した経緯にもつながるので、ゆっくりと説明していきたい。

　まず図についてだが、図には２通りの役割があると考えている。

　一つは考えるときに解決者自身が自分の考えを整理するために使うもの。もう一つは説明のために使うもの。

　おそらく指導者が期待しているのは、子どもたちが問題解決のときに役立てられるようになる図の力だと思う。

　民間企業の研修などでも図の話題が出るが、個人が思考するために使う図は、他の人が見てもわからない状態になっていることが多い。本当は子どもたちが考えるときに使う図もそのはずだ。

　それなのに大人は最初から子どもたちにきれいな図が描けるようになることを求めすぎてはいないか。

　ここでいうきれいな図とは教科書にあるようなあの図である。だが、あれは説明のための図である。

　つまり、理解した人がまだ理解していない人に説明するための図。

　既に理解した人が整理して伝えるために描くのだから、きれいに描けるのである。これを子どもたちに最初から求めているという事態が子どもたちを困らせている原因の一つだと考えている。

　だから教室では、やはり問題が解ける子が描いていて、苦手な子どもたちが役立てているという実感が乏しい。

　この図がうまく使えないと、現場の先生方は、自分の指導がまず

いのだろうと反省するのだが、私はそうではないと思っている。

今の指導方法では困っている子の役に立つようになっていないのである。

そこで私はあるとき、次のような調査をしてみた。

正直言うと、かなり大がかりなデータで集めたことが1回、自分の仲間うちで頼んで試みたことが2回ある。

1回は小数の掛け算の文章題。残りの2回は私がもっとも関心がある1よりも小さい数で割る割り算の問題文で調査した。

## ◇比例数直線は役立っているか

私の行った調査は、次の3つの種類の問題を子どもたちの集団を変えてやってみること。

先生方にもぜひ試してもらいたいが、要するに子どもたちが解決のために図を役立てられているかどうかを観察してみることが目的。

まず小数の乗除の文章題などを一つ選択する。

同じ文章題を用いて、問題の提示の仕方だけを次のように変えて試してみる。

a 問題　文章題だけ

b 問題　文章題の下に正しい比例数直線が描かれている
　　　　それを使って問題を解くことができるようにしてある

c 問題　文章題を読んで、
　(1) この問題を正しく表した比例数直線はどれかを選ぶ問題
　(2) 続いて、それを使って問題を解く

どうだろう。興味のある方、ぜひやってみてもらいたい。

結果はどうだったか。

3種類の問題群、有意差なしである。

つまり、子どもはあの比例数直線が与えられていても、さらには正しい図を選ぶことができていても、解決に役立てることはできていないということである。

　図があれば子どもたちにとって解決が楽ならば、b 問題の正答率があがるはずである。

　きちんと図を読み解けることがまず必要だというならば、c 問題の (1) で図を選ぶことができた子どもたちの (2) の正答率があがるはずである。

　しかし残念ながらそうはなっていない。

　とくに 1 よりも小さい数で割る問題場面については大学生でも同様のことをしてみたが相関はなかった。データは整理できているのでいつでも発表できるが、本書はデータを示して誰かを攻めることが目的ではないので、それは避ける。

　私の目的は現場の先生方が目の前の子どもの困り方を見て、それは何が原因なのか、今まで信じていた理論からつくられたものを一度は疑ってみて、子どもに即した方法を考え直そうとする動きが生まれることである。

## 子どもたちの見方・考え方を細かく観察する

### ◇小数の掛け算の場面での実態

　どの掛け算も割り算も 1 よりも小さい小数が出てくると、子どもたちの抵抗が急に増えるが、それでも掛け算のときは現場でもそんなにトラブルはないようだ。

　だが、もう少し課題を鮮明にするために、まずは子どもたちが得意とする 1 よりも大きい数の場合の次のような問題文でどのように理解しているかを観察してみた。

　すると、ここにおいてでさえ小さな理解のずれがもう存在してい

ることがみえてきた。

　問題
　1m が 200 円のリボンがあります。2.5m では何円ですか。
　式　200 × 2.5=500　　答え　500 円


　子どもたちに尋ねる。「200 ってなあに」
　子ども「リボンの値段だよ」
　教師「2.5 は ?? 」
　子ども「リボンの長さだよ」
　教師「値段とリボンの長さって掛け算できるの ??」
　子ども「・・・・・」


　私が飛び込み授業や講演会でこうしたやり取りをすると、一様に黙り込んでしまう子どもがいる。
　いや講演会では大人の中にもいる。
　言葉の式で「1m あたりの値段」×「テープの長さ」なんてまとめることを早々と経験しているとなおさらである。ここにも早くから形式化してしまうことの問題点が見える。


　こうした形式の一般化は、そうすることの必要性、ここでは言葉を使って式表現をすることの必要性が理解できたもの同士では意図が通じるが、まだその必要のない子どもが早い段階でこれを見てしまうと、受け取り方は表面上の言葉だけになってしまう。
　先ほどの「比べられる量」という言葉をそのままとらえてしまった状況と似ていて、伝える側の本来の意図が伝わっていないことが子どもたちを困らせている原因である。


　面積に至ってはさらに顕著である。縦 3㎝、横 5㎝の長方形の面積は 3 × 5=15 と答えるが、同様の質問をすると辺の長さ同士を掛けていると大人も答える。

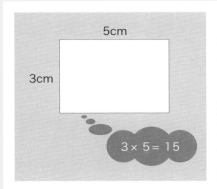

でも、振り返ってみるとそんな意味の掛け算は本当は学んでいないはずである。教科書で習っていたのは1㎠の正方形の個数を数える方法としてだから、正しくは辺の長さ同士の掛け算ではない。量は同じ量のものを集めないと量にならない。

先ほどの 200 × 2.5 の式をつくるときに話題を戻す。
子どもたちはどのように考えていけばいいのだろう。
まずは教科書にあるような図にしてみる。

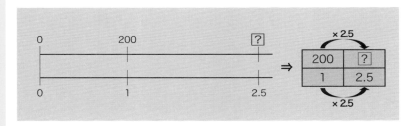

　このときは、子どもが持っている掛け算のイメージの「増える」ということと一致するので、子どもは1mを2.5倍したから、200円も2.5倍するという関係を見つけることができる。

　2.5mという長さを掛け算したのではなくて1mを2.5mにしたから、つまり1mだから2.5という数字がたまたま同じになっただけなのだと気づかせることが必要なのである。

　これがもしも2mが200円だとすると、途端に2.5という数字は出てこなくなる。こんなことも話題にしたあとで1mの値段がわかっているときは、テープの長さがそのまま倍と同じになるのだとまとめられて、あの言葉の式につなげていくのである。

　言葉の式をつくる場面、公式をつくる場面、いずれも急ぐと意味を納得しないまま子どもも大人も表面に見える言葉だけで使ってし

まうようになる。

　ここにも急ぎすぎる教育の負の側面がある。

　さて、この問題での課題は言葉の式での一般化だけではない。

　1よりも大きい数の場合はいいが、0.5mのときの図になると、図があるがために答えが小さくなるというイメージから割り算の式をつくってしまう子どもがたくさんいるという問題点が次にある。

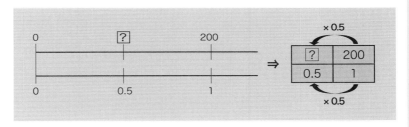

　だから、ここでは一度図から数値だけを取り出して、数の関係だけで立式させてみる。図によって割り算をつくろうとした子どもも数の関係に目をつけさせると、一方を0.5倍したからもう一方も0.5倍とすっきりと関係から式化することができた。

　図があることによって、1より小さい数のときには、子どもたちがこれまで身につけた計算の概念が邪魔をしてしまうのである。

　もちろん、教科書でも1よりも小さい数をかけると大きくならないということは丁寧に扱ってはいるが、低学年のときから長い時間をかけて培ってきた子どもの概念はそう簡単に修正されない。

　だが、それでも掛け算のときは0.5倍するという考え方をするようになるのに大きな抵抗はなかった。

　しかし、1よりも小さい数で割る場合になると、大人でもなぜそれでいいのかをしっかりと説明できる人が途端に少なくなる。

　1よりも小さい数で割ると、答えは割られる数よりも大きくなることの説明は包含除の場面でなら子どもも大人も何とか納得するのだが、等分除の場面になると困惑する子ども、いや大人もたくさん

いる。

　私は筑波大学や前橋国際大学で算数科教育法で大学生も長く教えていたが、大人になった彼らもこの場面になると実はよく意味がわからなかったと正直な感想を述べている。

**◇割り算の式の再定義が必要なのではないか**

　これは、等分除で分割した結果、一つ分を取り出すという概念で割り算を使ってきた時間が長すぎたことが原因だと考える。

　1年生から4年生までの長い時間をかけて定着してしまった概念を組み立て直すには、一度割り算の定義をリセットするぐらいのことが必要なのではないかと考えるのである。

　そしてその学習を割合の時間にすることはできないだろうかというのが私の提案である。

　**割り算とは、要するに1に対する量を求める計算であるということを伝えなおす。**

　ある量 a に対する割合が b のとき、1 に値する量を求めるのが a ÷ b という割り算の役割である。

　比べられる量に対する割合がわかっているときに、もとにする量を求める場面である。割合の問題で子どもたちがもっとも苦手とするこの場面の原因は、割り算の役割に対する再定義がなされないまま等分除のイメージを引きずっているからだと考えるのである。

　下のように表に整理してイメージを変えてみる。

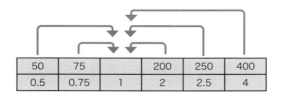

| 50 | 75 | | 200 | 250 | 400 |
|---|---|---|---|---|---|
| 0.5 | 0.75 | 1 | 2 | 2.5 | 4 |

割り算は、1に対する量を求める計算であり、細かく分割するということではないと伝えなおすのである。

　答えの大小は関係なく、すべて1に戻ってくるというイメージで割り算をとらえなおす時間が必要である。

**　割り算は、要するに1に値する量を求める計算である。**

　もちろん、これまでの指導法でもそれをしているのだという意見もあるだろう。その通りなのである。
　1よりも大きい数のときに割り算を使っていたから、数が変わって1よりも小さい数になってもそのまま割り算が使えるのだという形式不易の考え方もその一つである。
　行っていることは同じなのだが、大きな違いがある。
　それは、等分についての約束について、リセットしていないということである。
　子どもたちは割り算というとどうしても等分するという約束が根底にあり、それと何とかつなごうとしてしまうので、乗り越えられないでいる。
　0.5等分や2.5等分については、子どもたちだけでなく大人もイメージできていない。だから納得して使えていないのである。
　だから過去をひきずらないで再定義するというぐらいの構えで取り組んでいくという立場になってみようと言っているのである。
　その際、これまで述べた2つの立場と組み合わせることを意識して指導していきたい。

1）場面の把握と、計算処理の場面では意味が異なる使い方をしていることは、これまでの学習にもあること
2）式には具体を表現する式と関係を表現する式があること

これまで述べたこの2つの立場を視野に入れて

## 3) 割り算の意味をリセットし再定義する構えで向き合うこと

にするのである。

　従来の等分の意味付けから、変身の処理へと変化させていくには次のようにその目的に特化した授業を行う。

　先ほどの表から2つのペアだけにして取り出し、下のような表に整理する。

　そして1をつくるための変身をさせていく方法を考えるという授業である。

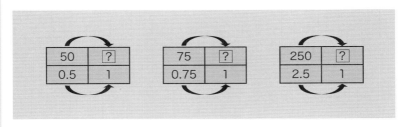

　掛け算のときと同じようにして0.5を1に変身させるにはどうするかを考えてみると子どもたちは最初は次のように考える。

　0.5のときは2倍すればいい。

　では0.75を1に変身させるにはどうするか。

　今度は75で割って100倍するという方法を子どもたちは考えるだろうか。

　イメージが持てることを優先するとしたら、こうした方法を一度は話題にしていくことになる。

　数によって解決策を使い分けるという立場ならばこれでいい。しかし、ここで割り算の役割を再定義する指導の場面だと考えてみるという意識を指導者が持つ。

　形式不易のときも等分しているという概念から切り離すことを意図すればよかったのであるが、それをあらためて話題にすることは

少なかった。だから子どもたちはこれまでの約束に付け加えようとしていたので無理だったのである。

　そもそも一つの演算にはいろいろな働きがあることは、これまでも学んできたはずである。割り算は包含除と等分除という操作としては異なるものを一つの演算で使っていたのである。

　もちろん、これを統合させていくことはできるけれども、3年生のときには同じ一つの式に2つの働きがあることを使い分けていた。

　だから、3番目の役割として1に対する量を求める計算という働きを付け加えればいい。

　これが、今までは等分除の役割の一つとして位置づけられていたことに、トラブルの原因があった。等分していくという子どもたちが持っているイメージとは異なるのである。

> 等分除のイメージの中での1を求める計算→分割
> 等分除のイメージと切り離した1に対する量を求める計算→変身

　約束が変わった、または別の使い方があるというぐらいの再定義である。

　1に変身させるのに、割り算では同じ数同士で割ると答えは1になるという便利なきまりがある。これを使う。

　0.5は0.5で割れば1になる。0.75は0.75で割ればいい。
それを見つけることができたら、表の上の関係も同じようにすることで式化できるようになる。

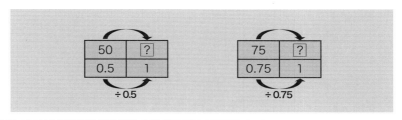

分数の指導で逆数の指導をして 1 ができることを意識化させる
ように、小数の割り算でも同じ数同士で割り算をすると 1 ができ
ることを強調する学びの場面をつくる。

　1 をつくる割り算の働きと、小数の掛け算のところでも使った表
の上と下の関係を同じにするという考え方を組み合わせて解決でき
るようにしていく。


　では、この考え方に立って下のような小数の割り算の問題の指導
について考えなおしてみる。

**0.5m が 250 円のリボンがあります。1m だと何円ですか。**

　教科書では、イメージの湧きやすい掛け算で一度表現させている。

　1m が 0.5m になったのだから 0.5 倍

　　□円× 0.5=250 円

$$\begin{array}{c}\xrightarrow{\times 0.5}\\ \boxed{\begin{array}{|c|c|}\hline 250\ 円 & \boxed{?}\ 円 \\\hline 0.5\text{m} & 1\text{m} \\\hline\end{array}}\\ \xrightarrow{\times 0.5}\end{array}$$

　□円 =250 ÷ 0.5 とするように、どの教科書も一度掛け算にして
そのあとで割り算にするという考え方にそろえている。私はそんな
ことをしなくても、0.5m を 1 mにするには 0.5 で割ればいいとい
っている。

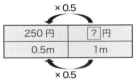

ここでは 0.5 を 2 倍
にするというアイデア
は扱い終わっている

　そして一方を 0.5 で割ったから、上の関係もそろえるために 0.5
で割るというように考えればいい。

　ところが、0.5m を 0.5m で割るという包含除の計算は答えが 1
とイメージが持ちやすいけれど、等分除の考え方は難しいというの
が一度掛け算にするという立場の方たちの意見である。

　確かに子どものイメージを優先するとそうなのだが、第 3 章でも

触れたように計算のしかたの場合には、場面とは異なる処理方法を実は低学年からずっと使ってきている。

　3年生の教科書をみても、具体的な問題場面は等分除なのに、筆算のときは「24の中に3が何回入るか」と包含除の考え方で計算をしていたではないか。

　つまり、場面の把握とそのあとの計算処理は区別しているという立場をここで使う。

　問題のイメージをとらえる段階と、とらえたあとで数値の関係から式をつくる段階を、私は切り離して考えることがあってもよいと述べている。

　とくに1よりも小さい数の掛け算や割り算は、そもそも子どもたちのイメージと逆になっているので、それが乗り越えられないのだから、この段階は子どもの困り方にあわせて指導方法を使い分けていく。


　単位がついていると、どうしてもイメージと一致しないなどのトラブルが話題になるので、4マス関係表は図から数値だけの取り出しをした。

　0.5mの中に0.5mが1回取れるというとらえ方では確かに意味が違いすぎるので抵抗があるだろうから、0.5の中に0.5が1回取れると数値だけの関係で立式していくことにする。

　実は、数の関係だけをとらえて問題解決に役立てている例は他の学習でも、また他の教科のときにも出会っていた。

　たとえば、下のような植木算のような問題。植木の数と間の数は

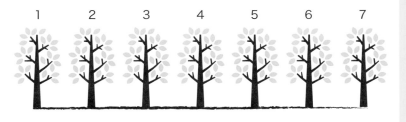

1 違うことが解決策として取り上げられるが、そのときの式は植木の数 -1 となる。この 1 は何だろうか。同種の量しか計算できないのならば植木の数ならば木の数を引かなくてはならない。1 年生の算数のときのように置き換えて同種の量として引き算を使っていると説明することはできるが、関係をとらえた式として子どもは使っているとした方が自然ではないか。

### ◇場面の表現の式と、関係の表現の式を使い分ける

　問題解決の際に式をつくるときに、場面の表現の式と、関係の表現の式と使い分けをすることは理科でも行っている。

　6 年の理科の天秤の授業などでは、腕の長さ×重さがつり合うことを使ったりして計算させているではないか。

　これは関係の表現の式であり、逆にこの式の持つ場面の意味は大人でも説明できないだろう。

　腕の長さと重さをかけたものは一体なんという量だと子どもに説明するのだろう。

　まあ、Nm という車のエンジンが持つ力などのトルクの単位になっているのだがそれを知って指導している人はほとんどいない。

　それでも関係の式はこうしてちゃんと解決の際に役立てて使っているわけである。


　関係がわかると、一方を 0.5 倍したらもう一方も 0.5 倍、一方を 0.5 で割ったからもう一方も 0.5 で割るというように式をつくることは子どもたちにとって一貫したわかりやすい方法になる。

　この発想は、等しい大きさの分数をつくるときにも自然にやっていたことである。

　横の関係のときはこうすると、とてもすっきりと見えてくる。

　数の関係だけで処理できるのなら、意識しなくていいが、倍という割合を使う場面では、実は次のように 2 つのとらえ方が根底にはある。

0.5 倍したものを 0.5 で割るという計算のときの 0.5 ÷ 0.5 はいずれも割合同士の計算である。

◇× 0.5 ÷ 0.5=◇× 1 となる。

一方、0.5 の中に 0.5 が 1 回は入るからという見方の計算は、量と量の計算であるから

0.5 ÷ 0.5=1 とすぐにつくることができる。

同じ 1 をつくる計算でも違うということは、指導する私たちは知っておく必要がある。

子どもに説明させると、子どもの持っているイメージによって異なる種類の説明があることに気がつくだろう。

そのとき、計算の仕方と問題場面の意味が異なるからと否定するのか、先ほどのようにいろいろな処理の立場があるととらえて整理してあげるのかによって、子どもへの対応の仕方は大きく変わってくるから授業者は心しておきたいものである。

では、４マスの表にしたときに、尋ねる場所を変えてみた別の種類の場合についてもう一題考えてみよう。

今度は少し単位を変え、いずれも小数になることが可能なもので、しかも 1 の横がわからない問題にしてみる。

| 200 g | 500 g |
|-------|-------|
| 1 m | ? m |

先ほどまでの展開と逆に、今度はこの表から具体的な問題場面をつくってみることから始めてみよう。

具体的な問題場面を数直線に表し、さらにその数直線から数値だけを取り出して関係をとらえて立式することは詳しく述べたが、今度はその逆である。

つまり、表から問題場面を想起してみる。そのために今度は単位

をつけてみた。

　イメージ化ができる問題の場合は、できる限りイメージ化の活動はさせておきたいという意見には、私も大いに賛成する。

　イメージ化が困難な場合に乗り越える道具として、こうした表の使い方も身に着けておくとよいという提案をしているのだが、この表が役立つようにするには、こうして表から具体的な問題場面をつくるという活動をたくさん経験させればよいと思っている。

　これが問題場面の把握、整理という力にもつながると思うのである。もちろん場面を把握したあとの計算処理は、意味に即したもの、意味とは異なるが計算の便利さを使う場合と多様に経験させていきたいというのはこれまで述べたとおりである。

　もちろん、イメージしたことと一致する処理が理解できるのならそれにこしたことはない。

　私が提案しているのは、イメージが持てない場合に、それによって困らせたままにしておくのではなく、他の処理方法が使えることも視野に入れさせておくということである。

　そのためには、低学年から処理のときは考えやすい便利な方法を使っていたことを紹介したり、式には具体場面の表現だけではなく関係の表現としても使われているなど見方を広げておくと、子どもたちが困ったときに使い分けができるようになると考えたのである。

　決して形式化を早くからさせたいというわけではない。大切なのは子どもの困り方に寄り添うことである。

　大人が一つの指導方法に固執していると扉が開かない。

　先ほどのように表から問題をつくる活動を子どもたちとしてみると、実は子どもの持っている経験が見えてくるようになる。

＜子どものつくった問題の例＞

1mだと200gです。500gだったら何mになりますか。

| 200g | 500g |
|------|------|
| 1 m | ?m |

こんなに軽い?? 針金か何かだろうか（笑）。

一度掛け算にする方がイメージが持ちやすいという立場の場合は、200×◇=500として、何倍になったかを求めて下も同じ関係にすることを考えることになる。

すると、◇=500÷200となる。

いつも掛け算にするという立場は、子どもたちが困ったときに一つの方法だけにしておけば混乱しないという優しさがある。

教科書でもこの方法が共通して使われている。

でも、この表をよく見ると、200gを1と見るとき、500gはなんと見なせばよいかという割合の問題として考えることもできる。

では、この表を見て、先ほどのように数の関係だけから式をつくってよいとしたらどうだろう。

次のように、200を1にするには200で割ればいい。

| 200 | 500 |
|-----|-----|
| 1 | ? |

1をつくるには同じ数で割るのだった。

同様の関係にするには500も200で割ることになる。

だから式は500÷200となる。

こうしてみると、実は表の縦の関係を使って式化していると考えることも可能になる。

ここでも同様に意味を考えると抵抗があるが、数値の関係から式をつくることもある、計算の処理のときは意味と離れてわかりやすい方法を使うこともある、という2つの立場を踏まえれば、子ども

たちの選択肢とすることが可能になる。

　とくに６年生で表の縦の関係を使ったり、先ほどの天秤などのように明らかに数の関係からの式化を使うことを体験すれば、子どもたちも使い分けが可能になると思うが、いかがだろう。

　この縦の見方は、先ほど割合のときに表を観た見方と、実は同じである。

　実は、先ほどの表から下のような割合の問題をつくった子どももいたのである。

　200 を１と見なすとき、500 はなんと見なせばいいですか。

　つまり、子どもはこうした見方をする素地はもっていることがわかる。そして縦に見て式化する方法は、このように言い方を変えたら、抵抗なく使うことができるようになる。

　さらに、次のようにとらえることができると、本当は意味を考えたときにも説明はできるのである。

　200 を１のかたまりにするのだから、500 の中に 200 が何回入るかと考える。

　これなら縦の関係で、500 ÷ 200 とすることも説明がつく。

　少し長くなったが、第４章の冒頭で、割合のところを使って割り算の再定義をすると述べたが、それは１よりも小さい割合に対する量を求める計算においてだけではなく、こうして縦の関係を使った式を使えるようになるところにもつながっていくのである。

　それぞれに具体的な量や単位がついている問題だと、具体的なイメージが逆に邪魔をしてしまい、式化に納得がいかない方もあるだろうが、こうして割合の場面につないでいくとイメージを大切にさ

れる方もつながりが見えて納得してもらえるのではないかと思うのである。

　さらに割合の学習で、こうして縦の関係で式化できれば、実は子どもたちを困らせている言葉がたくさんあるあの割合の公式なんか覚えなくても、この4マス関係表でそのまま式化できることがわかる。

　一石何鳥にもなる。

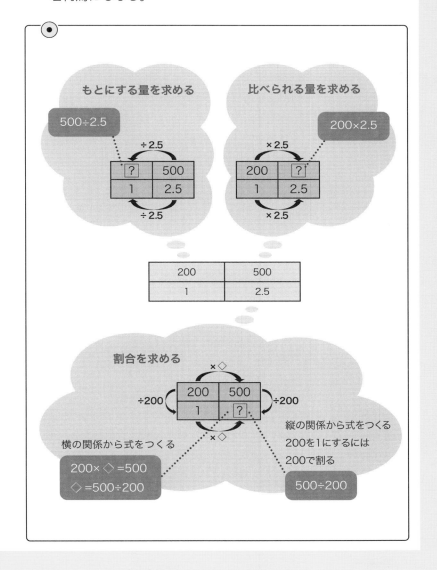

「10 歳の壁」という言葉、聞いたことあると思います。

　いろいろなギャップに子どもたちが戸惑いますが、実は算数・数学においても顕著です。

　小学校の算数は得意だったけど、中学校になってまったくできなくなったという子どもたちの声も聴いたことがあるかもしれません。

　逆に小学校ではだめだったけど、中学校で数学は得意になったという子もいます。

　算数、数学は積み上げの学問だというのに、小学校でだめだった子が数学では活躍している……。なぜでしょう。

　その一つは、先ほどのような学ぶ対象の変化による原因があると私は考えています。

　もしもずっとイメージにこだわるが故に乗り越えられない子をつくっているとしたら罪なことです。だって大人だってイメージできない世界を考えているのですから…。

　だから指導者側もその区別を意識しておくことが必要だということを述べてきました。

　小学校の場合は、すべての教師が算数の専門家というわけではありません。でも、よく考えたら教員免許をとるのに大学を出ているわけだから、本当は小、中、高校と数学は学んできているはずです。しかし、大人も数学のいろいろな世界について自分に問い直したり、公式の意味をあらためて考えた経験はそんなにない方もいらっしゃると思います。

　たとえば割合は加法性がないと言われていますが、20% と 30% は足し算できませんと言われて、え？　でも基準が同じならば 20% と 30% は足して 50% ってできるんじゃないの？？という意見を大人からも私は何度も聞いたことがあります。

　でも、これは 20% にした量と 30% にした量を足しているのであって 20% と 30% を足しているわけではありません。

　こうした議論を一度はしてみると、案外、わかったつもりの

ことがわかっていなかったと大人も気がつくものです。

　この過程そのものに意味があり、子どもたちにもそういう体験をさせたいと思います。


　ある時、どうして割り算の筆算のときに、割られる数と割る数を同じだけ小数点を動かすのだろうと、学生にたずねてみました。

　あらためてこんなことを話題にしてみたら、そうするものだと思っているだけで、大人にもうまく説明できない方があるかもしれません。実は、いままで述べた4マス関係表で行っていたことと同じで、要するに関係が変わらないようにしていることが話題にできます。

　大きさの等しい分数をつくるときには分子を2倍したら分母も2倍する。これも関係が変わらないようにしているのです。これは比のときも使っています。

　まったく別の学習だと思っていたのに、使っている発想は同じだと発見できると子どもたちも整理ができるようになります。

　すると、$200 \div 0.5$ が $400 \div 1$ と同じに見えてきます。

　$0.5\text{m}$ が $200$ 円のリボンは $1\text{m}$ だと $400$ 円になることも筆算の形式とつないで考えることもできるわけです。

　小数点を動かすときは $10$ 倍、$100$ 倍していたけれど、$200 \div 0.5$ と $400 \div 1$ のときは2倍しているだけです。

　でも割られる数と割る数を平等になるようにしているのは同じと見ることができるということです。

　量感やイメージ力も大切ですが、いろいろな場面に役立てることができる「同じ見方・考え方」を発見するという学習を、形式を使いこなす場面においても意識していくとよいと考えるのです。

最後にここまで述べてきたことを整理しておく。

子どもが問題を解決するとき、
a) 場面の理解　(問題把握)
b) 関係する数の整理 (表にすること)
ここまでが読み取り。情報整理の時間と考える。
低学年だと、問題場面を絵にする活動がこれにあたる。
これができたら問題場面の把握、そして仕組みは理解していることになる。
逆に言うと、ここまでの段階が、イメージ化の活動にはとても大切だということがわかる。
低学年の絵の場合は、それでも場面が見えやすいのでいいのだが、高学年で使う図や表は抽象化されすぎているので、場面が見えなくなってしまう。
そこで、問題文→図、問題文→表に整理する活動だけではなく、図や表から問題を再現する活動などをたくさん体験させることも必要だと述べてきた。
だから高学年の場合は、たとえば4マス関係表から問題をつくるという逆の活動もイメージ化の活動の一つになると位置づけた。

ここからあとは、データをどのように処理するかを考える段階に入る。こうして考えると統計の学習と同じである。
中学校で、場面を方程式にしたらあとはそれを処理することを形式的に考えるように、ここからは数の関係からどのようにしたら目的のものが探せるかを考えさせる活動をするのは普通に行っていることである。

　ところで、先ほどの表から問題づくりをしたときに下のようなおもしろい話題が子どもから出てきました。

| 200 | 500 |
|-----|-----|
| 1 | ? |

「1k㎡に200人います。500人だと何k㎡必要ですか。」
　これは単位量当たりの大きさの問題を見たことがある子がつくったのだと思います。でも素直な子どもたちから、これは問題にならないと突っ込まれていました。
　そんなのわかるはずがないと言うのです。
　素直に考えれば、みんなが少し集まればいいだけの話で、そのまま1k㎡に500人はいることもできるはずと言います。
　確かにその通りですね。
　でも、こうした場面を逆に使って、同じ約束で物事を考えるということについて話題にしていくこともできるのではないかと思います。
　問題づくりの活動は、子どもたちが問題場面に対して持っている概念がちゃんと表出してくるので、使い方によっては本質的な話題を展開していくのに役立つ一つの授業の題材になると思います。

| 200 | 500 |
|-----|-----|
| 1 | 2.5 |

　そして上のような表現は、見方を変えれば、もう比の表現そのものだということもできます。
　さらに数の関係だけをみると、よく知られている対角線上にある数を掛け算すると、その積が等しいことも発見できます。
　200×2.5＝500×1
　いわゆる比の内項の積と外項の積の話題です。

もちろん、この数をかけることに何の意味があるのかは、まだ子どもたちはわからないでしょう。

　でも、それは理科の天秤のところでつくる式も同じでした。理科ではあんなに積極的に関係の式を使わせておいて、算数だけは理由が説明できないから使えないなんて、本当は変だと私は思います。

　なんだかよくわからないけれど、いつもそんなきまりになっている。これを使えないのかなと考えることは数学的にも意味があります。

　そこである時、どうしてこんなきまりが存在するのかを子どもたちと考えてみました。

　小学生でもちゃんと説明できました。

　横の関係はいつも等しくなるようになっています。

　だから、2つの数をaとbとすると、表の横はいずれもその数のc倍と書くことができます。

　だとすると、斜めの数の積をそのまま書いてみると、下のようになります。

$$a \times (b \times c)$$
$$b \times (a \times c)$$

　ほら、すっきりしました。具体的な数を使った表でもいいのですが、こういうときは、文字を使って説明するとわかりやすいと思います。

　使っていることは横の関係が同じになっているということだけだからもっとも基本的なことだけです。

　6年生で必要もない場面で文字式を学ばせているけれど、こういう場面で使わせてみてもよいと考えます。

　そして、ここまでくるとこの表の活用範囲はグンとひろがります。

　４マス関係表を使ってくださっている方の中には、表の１の場所にこだわる方も多いと聞きます。

　それは、概念を伝える図としての役割も求めているからです。

　私にはそんな意図はないのです。

　ときには文章題の数値をそのまま整理して書くのでもいいと思っているぐらいです。

　子どもたちがいまから取り組む問題に出てくる数値の関係を観察して整理するのが目的です。

　表の学習では先に横の関係を学ぶので、同種の量を横に書くことだけは約束にしています。事実、低学年から用いてきた表の数値はそうなっています。

　もっと気軽に使って、困っている子どもたちを助ける道具の一つにしたいと考えているだけです。

　だから逆に言うと困っていない段階で使うことは反対しています。

　そしてこの方法は、あくまでも「その一つ」であるということ。イメージ化できる図が役に立てられているならそれでいいのです。他に便利な頼りになるものを持っているならそれを使えばよいと思います。

　でも、道具は複数通り持っていて、これでわからなければ、こちらと子どもに選択肢があるということは必要だと思うのです。

## おわりに〜ちょっと長いあとがき〜

子どもたちと次のような問題をしてみました。

ここに3つの紙コップA，B，Cがあります。どれか1つに当たりが入っています。

今、あなたはAを選びました。

司会者が残りの2つのうち、Bを開けました。Bには何も入っていませんでした。

さて、これで残りはCと今選んだAの2つ。

ここで司会者が言います。

最後のチャンスです。AからCに変えてもいいですよ。

さて、あなただったら変えますか。

それとも初志貫徹ですか。

ここで大切なのは、司会者はどこに当たりがあるのかを知っていて、ハズレのコップを1つ開けて見せているということです。

最初、選んだときは当たる確率は$\frac{1}{3}$でした。でも司会者が残り2つのうち1つを開けて見せてくれました。司会者はどこに当たりがあるかを知っていて1つ開けたのですから、残ったコップには2つ分の確率が集まったことになっていると考えられませんか？

したがって選びなおすと確率は$\frac{2}{3}$にあがるというわけです。

この問題は1990年にアメリカで大論争になったモンティ・ホール問題とよばれるものです。

ちなみに1990年というのは、私が筑波大附属小学校に赴任する前年のことです。

さて、では子どもたちとこの問題を授業で楽しむ方法を考えてみます。

　私はだいたい紙コップを5つぐらい使います。子どもたちにはどこに当たりが入っているかわからないように準備します。どこに当たりがありそうかなと言いながら、子どもたちの予想を聞いていきます。このとき、当たりではないものを選んでいる子どもを覚えておきます。そしてその子を指名します。

　Bが選ばれたとします。

　先生は「では確かめてみようか」と言いつつ、当たりではない紙コップをランダムに開けていきます。

　今、子どもが選んでいるBと最後のEのコップが残りました。

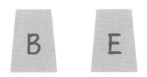

　ここで子どもに「では最後のチャンスです。今なら変えてもいいです。どうしますか」と尋ねます。

　おそらく初志貫徹の子どもが多いでしょうか。
　ここでは全員にも判断させてみます。
　自分だったら変えるのかどうかです。
　子どもの性格がよく見える瞬間です。
　そして、じらしながら最後の紙コップを開けてみせます。

きっと大きく盛りあがります。

　変えると言った子どもは当たりますが、初志貫徹の子どもは「えー、やっぱり変えればよかったのかぁ」と、とても悔しがります。

　繰り返しやってみます。

　3回目ぐらいからは「なぜ変えたら当たるんだろう」と子どもが考え始めます。

　次第に子どもたちから質問も出るようになります。

「ねえ、先生はどこに当たりがあるか知っているんだよね」

「なんか怪しいなぁ」という程度の感覚から謎ときを始めるのでもいいのです。

　冒頭に述べた確率の話題が少しでも出ればおもしろいですが、それよりも大切なことは、友達と議論しながら考えること自体を楽し

むことです。

　実はこの問題ではアメリカの数学者たちも間違えて、当時大論争になりました。

　大人たちも、こうして間違えることがあること、いや歴史上の数学者たちでさえ何度も間違えていたことを、こうした問題を体験させながら子どもたちにも伝えてみてはいかがでしょうか。

　一度で正解になることばかりを求めすぎてきた日本の算数教育が、子どもの素直な困り方に目を向け、その価値が具体的に共有できるようになると算数教育観・授業観も大きく変わると思うのです。

授業・人 塾

## 著者紹介

# 田中博史（たなかひろし）

1958 年生まれ　山口県出身
1982 年山口大学教育学部卒業 ( 数学研究室 ) 山口県公立小学校三校を経て
1991 年より 筑波大学附属小学校教諭
2011 年 在職中に放送大学大学院文化科学研究科修了　人間発達科学で学術修士号取得
2017 年より 筑波大学附属小学校副校長
2019 年 3 月同校を定年退職
2019 年 4 月 職人教師養成を目指す「授業・人」塾設立　代表として活動開始
主な著書は右の一覧参照

この間、全国算数授業研究会会長　算数授業 ICT 研究会会長　基幹学力研究会代表
学習指導要領実施状況調査委員、NHK 学校放送番組企画委員などを歴任。
NHK では「課外授業ようこそ先輩」や、「感じる算数 123」、「わかる算数シリーズ 4 年〜 6 年」、「母と子のテレビスクール」などたくさんの教育番組に出演。
また共愛学園前橋国際大学で 7 年間、筑波大学では 5 年間、非常勤講師として大学生にも講義、日本数学教育学会の全国大会では講習会講師、部会講演、指導助言などを毎年のように行ってきた。
海外の研究会でも英語を使った飛び込み授業や講演を積極的に行い、シカゴでの飛び込み授業を皮切りにワシントン、ニューヨーク、サンフランシスコなど北米の研究会、さらにメキシコのICME11 やイスラエルでの研究会でも現地の子どもたちとのデモンストレーション授業を披露、中米のホンジュラスでは JICA 短期専門委員としての活動にも取り組んだ。
アジアでは韓国、シンガポール、タイなどでの APEC 国際会議での研究会、またヨーロッパにおいてはデンマーク、スウェーデン、イギリス、スイスでの研究会を自らも企画。特にデンマークにおける会は 5 年連続、スウェーデンでは国営放送にも研究会が取り上げられた。

  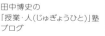 田中博史の
「授業・人(じゅぎょうひと)」塾
ブログ

# 年表形式で見る主な著書

1982年 山口県下関市立文関小学校、1985年 阿武郡(現在山口市) 阿東町立篠目小学校、
1990年 吉敷郡(現在山口市) 小郡町立小郡小学校の三校を経て、1991年 筑波大学附属小学校着任

1993 年　授業のネタ算数お話教材（日本書籍）坪田耕三氏との二人著
　　　　　量と測定　感覚を育てる授業（国土社）田中博史初の単著
1995 年　追究型算数ドリルのすすめ（明治図書）
1996 年　算数科・子どもの声で授業を創る（明治図書）柳瀬泰氏との二人著
1997 年　わくわくいきいき学級づくり一年間　二年生（日本書籍）初の学級経営の単著
　　　　　自ら考える力が育つ FAX 教材集（明治図書）
2000 年　クラスが輝き子どもが輝く総合活動　高学年（東洋館）初の総合活動の本
2001 年　算数的表現力が育つ授業（東洋館）田中博史の代表作
2003 年　使える算数的表現法が育つ授業（東洋館）
2004 年　遊んで作って感じる算数（東洋館）ここには NHK での番組の授業を収録
2005 年　新しい発展学習の展開 1・2 年（小学館）
2006 年　マンガでわかる算数プリント 3 年（小学館）
2007 年　マンガでわかる算数プリント 6 年（小学館）
2009 年　田中博史の算数授業の作り方（東洋館）講座の実録本の第一弾
　　　　　輝き方を見つけた子どもたち（東洋館）算数授業研究特別号
2010 年　おいしい算数授業レシピ（文溪堂）
2011 年　学校を元気にする 33 の熟議（東洋館）柳瀬氏を始め昭和 33 年生まれの仲間 4 人での提案
　　　　　田中博史の算数授業 55 の知恵（文溪堂）
2012 年　語り始めの言葉「たとえば」で深まる算数授業（東洋館）修士論文が土台の本
　　　　　イメージ力・表現力・思考力を育てる授業 123 年（東洋館）算数授業研究特別号
　　　　　算数授業づくりアイデア集（文溪堂）
2013 年　学校をもっと元気にする 47 の熟議（東洋館）
　　　　　ほめて育てる算数言葉（文溪堂）愛弟子たちとの共著
2014 年　子どもが変わる接し方（東洋館）
　　　　　高学年の心を開く授業づくり（文溪堂）同学年の先生と共著
2015 年　算数授業研究特別号 456 年
2016 年　対話でつくる算数授業（文溪堂）
　　　　　算数・国語の「全員参加」授業をつくる（文溪堂）桂 聖氏と共著
2017 年　「全員参加」授業のつくり方（文溪堂）桂 聖氏と共著
2018 年　子どもと接するときにほんとうに大切にしたいこと（キノブックス）
　　　　　スクールリーダーが知っておきたい 60 の心得（東洋館）
　　　　　教師にも瞬発力・対応力が必要です（東洋館）
　　　　　※紀伊國屋ホールにおけるお笑い芸人さん（ぐっさん、ガレッジセールゴリさん、ココリコ田中さん、
　　　　　博多華丸さん、中川家礼二さん）とのトークショーをまとめた本
　　　　　このトークショーはその後も継続していて、友近さん、ブラマヨの小杉さんと続く）
2019 年　子どもに教えるときにほんとうに大切にしたいこと（キノブックス）
　　　　　現場の先生がほんとうに困っていることはここにある！（文溪堂）
　　　　　子どもが発言したくなる対話の技術（学陽書房）
　　　　　田中博史の算数授業づくり概論（東洋館）算数授業研究特別号
　　　　　写真で見る算数授業実況中継（東洋館）
2020 年　板書で見る全単元・全時間のすべて　算数全 12 巻（東洋館）総合企画監修
2021 年　子どもの「困り方」に寄り添う算数授業（文溪堂）

# 年表形式で見る教材・教具（文溪堂）

算数の力

2007 年　算数の力 誕生　まずは算数の力ドリル 1.2 年から
2008 年　算数の力ドリル 1 ～ 6 年まで発刊
　　　　　わくわく算数忍者①入門編・
　　　　　わくわく算数忍者②修行編

2009 年　ビジュアル分数トランプ
　　　　　わくわく算数忍者③
　　　　　カードゲーム編（分数トランプ）

ビジュアル分数トランプ

2010 年　わくわく算数忍者④カードゲーム編（文章題カルタ）
2011 年　ビジュアル文章題カルタ
　　　　　わくわく算数忍者⑤図形編

ビジュアル文章題カルタ

2012 年　算数の力テスト 誕生

2015 年　ビジュアル九九カルタ

2017 年　ビジュアルわり算カルタ

2018 年　わくわく算数忍者⑥割合入門編・
　　　　　わくわく算数忍者⑦割合修行編

2019 年　ビジュアル割合カルタ

ビジュアル九九カルタ

ビジュアルわり算カルタ

算数の力テスト

ビジュアル割合カルタ

わくわく算数忍者シリーズ

## 授業実践講座

2010 年　授業実践講座　沖縄でスタート
2013 年　沖縄講座に仙台講座を追加
2014 年　全国ツアー開始　8 会場（神奈川、
　　　　　熊本、宮城、新潟、大阪、沖縄、
　　　　　岩手、東京：開催順）

2015 年　8 会場（福島、神奈川、青森、山口、
　　　　　宮城、福岡、大阪、沖縄）
2016 年　9 会場（北海道、山口、埼玉、福岡、
　　　　　京都、宮城、広島、神奈川、沖縄）
2017 年　11 会場（山口、大阪、宮城、福島、

　　　　　北海道、兵庫、愛知、京都、福岡、
　　　　　広島、沖縄）
2018 年　7 会場（山口、青森、大阪、広島、
　　　　　愛知、沖縄、東京）
2019 年　9 会場（福島、京都、広島、宮城、
　　　　　大阪、石川、福岡、東京、山口）

2020年はコロナ禍で残念ながら中止となりました。

# 子どもの「困り方」に寄り添う算数授業

2021年2月　第1刷発行

編 集 協 力：池田直子（株式会社 装文社）
デザイン・DTP：有限会社 野澤デザインスタジオ
キャラクター：しみずひろみ

著　　　者　田中博史
発 行 者　水谷泰三
発 行 所　**株式会社文溪堂**
　　　　　東京本社／東京都文京区大塚 3-16-12　　〒112-8635
　　　　　　　　　TEL（03）5976-1311（代）
　　　　　岐阜本社／岐阜県羽島市江吉良町江中 7-1　〒501-6297
　　　　　　　　　TEL（058）398-1111（代）
　　　　　大阪支社／大阪府東大阪市今米 2-7-24　　〒578-0903
　　　　　　　　　TEL（072）966-2111（代）
　　　　　ぶんけいホームページ　https://www.bunkei.co.jp/

印刷・製本　サンメッセ株式会社

ＩＳＢＮ 978-4-7999-0416-9 NDC375　184P　210mm×148mm
落丁本・乱丁本はお取り替えします。定価はカバーに表示してあります。